आत्म-तृप्ति

आत्म-तृप्ति

चरण सिहँ गुप्ता

आत्म-तृप्ति

ISBN: 978–93–5128–084–2
मूल्य : 250
भारत में सन् 2014 में प्रकाशित
कल्पाज़ पब्लिकेशन्स,
सी-30, सत्यवती नगर,
दिल्ली - 110052
Phone : 9212142040
ई-मेल : kalpaz@hotmail.com

टंकण कार्य : शुभम प्रिन्टर्स दिल्ली
मुद्रित : जी. प्रिंट प्रोसैस, दिल्ली

मेरी धर्मपत्नी
श्रीमती संतोष कुमारी गुप्ता
को
समर्पित

मेहमान नवाजी, सदभावना एवं रिश्तों को जोड़े रखने की प्रवृत्ति मेरी पत्नी की रग-रग में समाई हुई है। वास्तविकता तो यही है कि उनकी इसी प्रवृत्ति के कारण ही मेरे इस उपन्यास का जन्म हुआ है। मैं अपनी पत्नी का आभार व्यक्त करता हूँ क्योंकि मुझे उनके निश्छल व्यवहार एवं निस्वार्थ भाव के विचारों तथा कार्यों से प्रभावित होकर उनके कारनामों को सांचे में ढालने की सामग्री एवं प्रोत्साहन मिलता रहा। अतः यह उपन्यास उनको समर्पित है।

भूमिका

आत्म-तृप्ति उपन्यास विश्वास पर आधारित उपन्यास है। विश्वास एक ऐसा शब्द है जिसमें सभी संबंध समाए हुए हैं अर्थात् पिता-पुत्र, माँ-बेटी, शिक्षक-शिष्य, व्यापारी-ग्राहक, पति-पत्नी इत्यादि सभी एक दूसरे के साथ विश्वास रूपी डोर से बंधे रहते हैं। जहां से यह डोर ज़रा सा कमजोर हुई नहीं कि आपसी संबंधों में शिथिलता और दरार आने लगती है।

एक मनुष्य के जन्म लेने से मृत्यु तक उसके जीवन में न जाने कितने उतार-चढ़ाव व बदलाव आते हैं। बचपन से जवानी तक उसका स्वजन प्रेम अपने उच्चतम शिखर पर होता है। इस अवस्था के चलते उसके मन में अपने माता-पिता, भाई-बहन एवं सगे सम्बन्धियों इत्यादि के प्रति प्रभावशाली प्रेम बना रहता है। व्यक्ति की शादी के बंधन में बंधने के साथ ही उसके मन में बसी स्वजन प्रेम की धुरी की दिशा में झुकाव दिखने लगता है। अब स्वजन प्रेम का बिंदु पहले उसकी पत्नी तथा फिर उसके बच्चे बन जाते हैं जो जीवन के अंत तक कायम रहता है। यह प्रेम एक देह का दूसरी देह में विश्वास के प्रतिरूप से पनपता है। पति का पत्नी के ऊपर विश्वास और पत्नी का पति के ऊपर विश्वास सबसे महत्वपूर्ण होता है जो न होने पर गृहस्थी में कलह का कारण बना रहता है।

जहाँ मनुष्य का शरीर पाँच तत्वों से बना है। तथा नश्वर है इसलिए उसका स्वजन प्रेम भी उसकी देह की समाप्ति के बाद समाप्त हो जाता है। वहीं मनुष्य के शरीर में बसी आत्मा एक अजर, अमर, अनंत, अनादि, अविनाशी, नित्य तथा देह को बदल बदल कर वास करने वाली होती है। मनुष्य का मन एवं उसकी इन्द्रियाँ अस्थिर, चंचल और चलायमान होती

हैं। कभी कभी उनके इन्हीं गुणों के कारण मनुष्य वासना वशीभूत कलंक व चरित्रहीनता इत्यादि का भागीदार बन जाता है। अतः यह जरूरी रहता है कि मन की चंचलता को निर्विकार आत्मा के वश में रखा जाए।

सामाजिक बंधन एवं सृष्टि के अनुसार पति पत्नी का आपसी प्रेम वासना रहित नहीं रह सकता इसलिए उन्हें जीवात्मा कहा गया है। परन्तु दो शुद्ध आत्माओं का प्रेम मिलन निश्छल, निःस्वार्थ, निष्कपट एवं वासना रहित रहता है। उदाहरण के तौर पर जैसा प्रेम सबरी और केवट का श्रीराम चन्द्र के प्रति और गोपियों का श्रीकृष्ण जी के प्रति था। ऐसा ही कुछ इस उपन्यास **आत्म-तृप्ति** में दर्शाया गया है। जिसमें दो नश्वर देह का मिलन न होते हुए भी दो शुद्ध आत्माओं के प्रेम मिलन की चाहत अंत तक बरकरार रही।

लेखक

समीक्षा

आत्म-तृप्ति उपन्यास की मूल कथा गुलाब-संतोष नामक मुख्य पात्रों के इर्द गिर्द बुनी गई है। लेखक ने गुलाब-संतोष के मध्य उनके वैवाहिक जीवन में आपसी अटूट विश्वास को दर्शाया है। संतोष के विश्वास को लेखक ने बढ़ा-चढ़ा कर दिखाया है क्योंकि वह अपनी पूर्व सहेली तथा रिश्ते में अपनी बूआ माला के विवाह पूर्व अपने होने वाले पति के साथ संबंधों को जानते हुए भी उसके साथ अपने रिश्ते की बात को आसानी से मान जाती है। हो सकता है कहानीकार का यह तर्क हो कि 1960-70 के दशक के माहौल में लड़की अपनी शादी के बारे में अपने परिवार वालों से बात करते हुए हिचकिचाती थी तथा अपने जीवन साथी के लिए उनके चुनाव पर कोई एतराज नहीं उठाती थी।

यह उपन्यास का कमजोर पक्ष हो सकता था अगर गुलाब अपने विवाह के पश्चात भी माला से सम्बन्ध बनाए रखता। परन्तु गुलाब के आचरण को परख कर संतोष के परिवार वालों को पूरा विश्वास था कि ऐसा नहीं होगा। क्योंकि माला एवं संतोष एक ही परिवार की थी। अतः यह बात दोनों घरों के किसी भी सदस्य से नहीं छिपी थी कि गुलाब एवं माला के एक-दूसरे के प्रति झुकाव को भाँपकर उनके रिश्ते की बात चली थी और संतोष यह बखूबी जानती थी कि गुलाब ने अपने उपर संयम रखते हुए माला को सही मार्ग समझाकर शादी से पहले चरित्रहीन होने से कैसे बचाया था। इसलिए संतोष को गुलाब पर पूर्ण विश्वास था कि वह अपने लंगोट का पक्का, भारतीय संस्कृति और जीवन के नैतिक मूल्यों को बखूबी जानता होगा।

गुलाब भी संतोष के विश्वास पर खरा उतरा। वह संतोष को एक पूरी तरह समर्पित पति के रूप में मिला तथा अपनी पूर्व प्रेमिका के लगाव

को कभी अपने नए संबंधों पर हावी नहीं होने दिया। उसने निष्ठा-पूर्वक अपनी पत्नी के साथ कर्तव्यों को पूरा किया।

उपन्यास में दूसरी ओर एक फौजी पति का अपनी पत्नी पर अगाध विश्वास भी प्रकट हुआ है। जब गुलाब अपनी फौज की नौकरी पर रहते हुए, अपनी पत्नी को अपने घरवालों की छत्रछाया में छोड़कर चला जाता है तब संतोष जो कि घर के सदस्यों, रिश्तेदारों, तथा मिलने-जुलने वालों की हवस एवं कामवासना की दृष्टि से अपने आपको बचाकर रखती है तथा निडरता से सबका सामना करती है, पर पूरा विश्वास रखता है तथा अपनी ग्रहस्थी को सभी उतार चढ़ावों में पूर्णता प्रदान करता है।

माला की गहन बीमारी की बात सुनकर भी गुलाब अपने मनोभावों को प्रकट नहीं होने देता तथा पत्नी के द्वारा जोर देने पर ही वह माला की आत्मतृप्ति के लिए उसके घर जाता है। यह कहानी का सबसे अच्छा और मजबूत पक्ष है जो कि इस उपन्यास 'आत्मतृप्ति' के मूल तत्व 'विश्वास' में आधारशिला का काम करता है।

चेतना मंगल
स्नातकोत्तर (हिन्दी)
दिल्ली विश्वविद्यालय

आत्म-तृप्ति

I

उत्तर प्रदेश में जिला बुलन्दशहर का एक छोटा सा कस्बा डिबाई। डिबाई का नाम कई कारणों से काफी प्रसिद्ध है। एक तो आसपास के बहुत से गाँवों के लिए यही एकमात्र बाजार है। दूसरे यहाँ वृहस्पतिवार को पैंठ लगता है जिसमें आसपास के गाँवों से कारिन्दे अपना-अपना बनाया समान बेचने के लिए यहाँ पटरियों पर बाजार लगाते हैं। इस बाजार में, घरों में इस्तेमाल होने वाला, छोटे से छोटा तथा बड़े से बड़ा सामान मिल जाता है। अर्थात् सुई से लेकर सोफे तक। वैसे तो यहाँ के बाजारों में रोज़ाना ही अच्छी खासी भीड़ रहती है परंतु पैंठ वाले दिन तो बाजार की सड़कों पर तिल रखने को भी जगह नहीं मिलती। तीसरे देहली से बदायूँ जाने का एकमात्र रास्ता यही है। चौथे गंगा नदी पर नरौरा बिजली परियोजना के लिए डिबाई ही वहाँ की जरूरतों को पूरा करता है। पाँचवे राजघाट या नरौरा पर गंगा स्नान के लिए आने वाले यात्री भी अपना पड़ाव डिबाई को ही बनाते हैं।

वीरवार का दिन था। शहर में चहल पहल थी। कस्बे के एक समृद्ध लाला मुंशी राम जी के पौत्र एवं लाला जय प्रकाश के जुड़वां पुत्र आमोद तथा प्रमोद के गंगा चढ़ाने का उत्सव था। घर में इस बाबत तैयारियाँ लगभग पूरी हो चुकी थी फिर भी इस मकसद से कि कहीं कोई त्रुटी न रह गई हो लाला मुंशी राम आसवस्त होने के लिए हर काम का खुद जायजा लेते हुए मुआयना करने लगे।

अपनी पारखी नजरों से देखते हुए वे आगे बढ़े तथा ताक़ीद करने लगे कि कौन सा काम कैसे करना है तथा किसे करना है। आँगन के एक कोने में औरतों को गीत गाते सुनकर अपनी पत्नि को आवाज लगाते हुए,

"अजी सुनती हो, ये औरतें कैसी मरी-मरी आवाज में गीत गा रही हैं। इनसे कहो कि जरा जोर से आवाज बुलन्द करके गाएँ जिससे बाहर आस पड़ौस में भी पता चले कि उत्सव का शुभारम्भ हो गया है।"

गीत गाने वाली सभी औरतें लाला जी की आवाज बखूबी पहचानती थीं। अतः आवाज सुनते ही उनमें जोश भर गया और वे मुखर आवाज में गाने लगीं।

"बजरंगी देख यहाँ कोना खाली पड़ा है, एक गलीचा यहाँ भी बिछवा दे।"

"अच्छा मालिक।"

"पंडित जी गंगा पर ले जाने वाले कलश अभी सूने क्यों हैं। इन पर सतिया नहीं बनेगा क्या? और पूजा वगैरा का सामान तो सब पूरा होगा। एक बार और जाँच करलो कहीं कोई कमी न रह जाए। सारा सामान अपने ही पास रख लो, अब यह आप की जिम्मेदारी है।"

"बिलकुल सेठ जी, मैं सब सम्भाल लूँगा।"

"अरे ये पर्दे किसने टाँगे हैं? इनको उतरवा कर पहले प्रेस करवाओ फिर टाँगना। कितने भद्दे लग रहे हैं।"

"मालिक अभी करवा देता हूँ।"

"बेटा माला तू अभी तैयार नहीं हुई।"

"बस हो ही रही हूँ पिता जी।"

"सभी चलने को तैयार हैं और तू अभी तक ऐसे ही घूम रही है। चल नया सूट पहन कर जल्दी से तैयार हो जा।"

"पिता जी मेरी चुनरी नहीं मिल रही।"

"बेटा शालू देख तो इसकी चुनरी कहाँ है?"

"जी पिता जी।"

"बेटा जय प्रकाश क्या सारी गाड़ियाँ आ गई?"

"हाँ पिता जी, उन्हें फूलों से सजवा भी दिया है।"

"बहुत अच्छा किया। अब खाने पीने का सारा सामान एक गाड़ी में लखवा दो?"

"हाँ पिता जी भाई ब्रह्मप्रकाश यह काम करवा रहा है।"

"सभी औरतों को एक ही गाड़ी में बिठवा देना।"

"ठीक है पिता जी।"

"और हाँ औरतों की गाड़ी को और गाड़ियों के बीच में चलाने को कहना तथा चलाने वाले को यह भी पक्की हिदायत दे देना कि वह सावधानी से हाँके।"

"अच्छा पिताजी आपके कहे अनुसार करवा दूँगा।"

ऊं......(कुछ सोचते हुए), "वे दिल्ली वाले कहीं दिखाई नहीं दे रहे। क्या वे अभी पहुँचे नहीं?"

"पिताजी उनकी खबर आई थी कि वे दस बजे वाली बस से आएँगे", फिर कलाई पर बंधी घड़ी की ओर देखकर, "दस बजने वाले हैं आते ही होंगे।"

"क्या कोई लिवाने भी भेजा है?"

"नहीं अभी तो कोई नहीं भेजा।"

"समय हो गया है बेटा किसी को भेज दो", फिर स्वयं ही, "अरे ओ राजू, जा देख 10 बजे वाली बस पर दिल्ली वाले आते होंगे उन्हें लिवा ला। उन्हें पहचानता तो होगा?"

"नहीं सेठ जी।"

माला जो वहाँ खड़ी सब कुछ सुन रही थी, "पिता जी क्या राजू के साथ मैं चली जाऊं?" लाला मुंशी राम माला को ऊपर से नीचे तक देखकर, "पर तू तो अभी तैयार भी नहीं हुई है?"

"आकर हो जाऊंगी। देर ही कितनी लगती है तैयार होने में।"

"अच्छा जा। राजू देख जरा ध्यान से ले जाना माला को क्योंकि आज बाजार में बहुत भीड़ होगी।"

दस बजे वाली बस डिबाई के बस अड्डे पर आकर रुकी। माला हर उतरने वाले यात्री को देख रही थी। वह व्यक्ति भी बस से नीचे उतरा जिसे लिवाने वह राजू के साथ यहाँ आई थी। उसको देखकर माला जल्दी से उसकी तरफ लपकी, "जीजा जी नमस्ते"।

"नमस्ते, नमस्ते।"

"कैसी है माला?"

"अच्छी हूँ। बिलकुल तंदुरुस्त। आप देख तो रहे हो।"

"घर पर सब ठीक हैं?"

"केवल एक नहीं है।"

"कौन?"

"वहीं जा रहे हो, खुद देख लेना।"

"लगता है बातों में बहुत चतुर हो गई हो।"

"आपका असर तो पड़ेगा ही।"

"क्या मतलब?"

"यह चतुराई मैं आप से ही सीख रही हूँ।"

"अरे वाह! कितना समय बिताती है मेरे साथ जो मुझ से सीख रही है?"

"ज्यादा समय नहीं चाहिये, कुछ सीखने के लिए, पारखी नजर रखने वालों को।"

"अच्छा जी!"

माला और उसके जीजा जी के बीच होने वाली नोंक-झोंक को उसी बस से उतरने वाला एक भोला-भाला एवं बेहद शरीफ सा दिखने वाला कोई ग्यारह बारह साल का लड़का बड़े ध्यान से सुन रहा था। माला उससे अनभिज्ञ थी। अतः उसकी ओर उसका कोई ध्यान नहीं गया परंतु माला तथा उसके जीजा जी के बीच हो रहे वार्तालाप के दौरान लड़के ने माला का पूरी तौर से मुआयना कर लिया था। उसके विचार में उसकी उमर, 11-12 साल, के बराबर की होगी। गोरी-चिट्टी, इकहरा बदन, चंचल तथा बे-झिझक बातें बनाने में माहिर थी। नैन-नक्श के मामले में भी किसी प्रकार की कोई कमी नहीं थी। लड़के से बेखबर माला ने अपने जीजा जी की अटैची उठाते हुए, "राजू यह इनका थैला उठा ले।"

फिर अपने जीजा जी की तरफ देखकर, "और कोई सामान तो नहीं है जीजा जी?"

"नहीं बस ये ही दो नग हैं।"

"तो चलें जीजा जी?"

सभी घर की तरफ चल दिये। उस लड़के ने भी उनका अनुशरण करना शुरु कर दिया। राजू ने माला से अटैची भी ले ली तथा तेज कदम बढ़ाता हुआ उनसे आगे निकल गया। माला अपने जीजा जी से बातें करती हुई चल रही थी। बीच-बीच में चोर निगाह से वह उस लड़के को भी निहार रही थी जो बस स्टैंड से ही उनका अनुशरण कर रहा था। माला का जब सब्र का बाँध टूट गया तो उसने अपने जीजा जी से धीरे से पूछा, "क्या वह लड़का जो हमारे पीछे-पीछे आ रहा है आपके साथ आया है?"

जीजा जी शायद अपनी साली की शंका समझ गए थे तथा उन्होंने इस बात का भी अन्दाजा लगा लिया था कि माला उसे नहीं जानती। अतः शरारती अन्दाज में ऐसे बोले जैसे सचमुच में कुछ जानते ही नहीं, "कौन सा लड़का?"

वही जो हमारे पीछे-पीछे आ रहा है?"

माला के जीजा जी ने झूठे ही पीछे मुड़कर देखते हुए, "नहीं तो।"

अपने जीजा जी की ना सुनकर माला सोचने लगी कि यह लड़का यहाँ का तो लगता नहीं क्योंकि उसने उसे अपने मौहल्ले में इससे पहले कभी देखा ही नहीं था। फिर हमारे पीछे-पीछे आने का उसका क्या मकसद हो सकता है। माला के दिमाग में कुछ गलत आशंकाओं ने घेरा डाल लिया। अतः अब वह चोर निगाहों से उस लड़के की गतिविधियों को ज्यादा ध्यान से देखने लगी। आखिर अधिक देर तक उससे न रहा गया। अपने मकान की गली के नुक्कड़ पर ज्योंही वह लड़का उनके पीछे मुड़ा, माला एक दम से पलटी तथा लड़के से तैश में बोली, "ऐ लड़के मेरे पीछे-पीछे क्यों आ रहा है?"

लड़के ने अपना धैर्य न खोया तथा शांत स्वभाव से उत्तर दिया, "क्योंकि आप मेरे आगे-आगे जा रही हैं।"

माला कुछ तैश दिखाकर, "तुझे कहाँ जाना है?"

लड़का बड़े संयम से बोला, "वैसे तो बताना जरूरी नहीं समझता फिर भी आपका दिल रखने को बता देता हूँ कि मुझे भी वहीं जाना है जहाँ आपको जाना है।"

माला गुस्से में अभी कुछ कहना ही चाहती थी कि उसने अपने जीजा जी के चेहरे पर एक शरारती मुस्कान को भाँप लिया। फिर झट से जब उसने उस लड़के की तरफ नजर घुमाई तो उसे भी, अपने भाई (माला के जीजा जी) की तरफ देखते हुए, वैसे ही मुस्कराते हुए पाया। माला को समझते हुए देर न लगी कि जरूर कुछ दाल में काला है। माला का गुस्सा एकदम ठंडा हो गया। वह अपनी झेंप छिपाते हुए बोली, तो आप हमारे छोटे जीजा जी हैं, "नमस्ते।"

लड़के ने कुछ जवाब न देकर माला के अभिवादन के उत्तर में केवल अपने दोनों हाथ जोड़ दिये।

घर पहुँचकर जब तक माला के जीजा जी तथा उनके भाई ने चाय नाश्ता किया तब तक माला भी बन सवंरकर आ गई। गंगा जी को चलने की तैयारियाँ तो पहले से ही पूरी हो चुकी थीं। सारा सामान गाड़ियों में लद चुका था। इतने में शोर उठा कि चलो सभी औरतें बीच वाली गाड़ी में बैठ जाएँ। सबसे पिछली गाड़ी में सामान लदा था तथा बाकी तीन गाड़ियाँ मर्द तथा बच्चों के लिये थीं। माला को देखकर लड़के ने महसूस किया कि अब उसमें और भी निखार आ गया था।

माला लड़के को अपनी ओर पलक निहारते हुए पाकर, "ऐसे क्या देख रहे हो?"

लड़का जल्दी से अपनी नजरें दूसरी तरफ फेरकर, "कुछ भी तो नहीं।"

माला शोख अदाओं से, "मुझे भी नहीं?"

लड़का यह समझकर कि उसकी चोरी पकड़ी गई है झेंपते हुए मुस्करा देता है।

माला एकदम से लड़के का हाथ पकड़कर, "चलो हम एक ही गाड़ी में बैठेंगे।"

लड़का कुछ संकुचाते हुए, "क्या आप औरतों की गाड़ी में नहीं बैठोगी?"

माला अपने को देखते हुए, "मैं अभी इतनी बड़ी नहीं हुई।"

लड़का जो अब माला को अपना दोस्त समझने लगा था, "तो चलो फिर सबसे अगली गाड़ी में बैठ जाते हैं।"

फूलों से सजी पाँच गाड़ियों का काफिला अपनी मंजिल की ओर चल पड़ता है। इन सभी गाड़ियों को इतने सुन्दर ढंग से सजाया गया था कि वे उस पुष्पक विमान को भी मात दे रही थीं जो देवता अपने प्रयोग में लाते हैं। गाड़ियों में जुते बैल भी एक से बढ़कर एक थे। उनके सुडौल शरीर देखते ही बनते थे। सभी बैलों की पीठ, गर्दन, सींग, पैर तथा पूंछ को बहुत सुन्दर ढंग से सजाया गया था। बैलों के गले में बंधी घंटियाँ, घाटी नुमा जगहों से निकलते हुए सरगम जैसी आवाज निकलती हुई प्रतीत हो रही थी। ऊपर से औरतों के गीतों की मधुर आवाज समा को बहुत ही मनभावन तथा मोहक बना रही थी। हँसी-खुशी के इस माहौल में पता ही न चला कि रास्ता कब तय हो गया और कर्णवास का गंगा घाट आ गया।

कर्णवास के घाट पर बनी धर्मशाला काफी पुरानी लगती थी। एक प्राचीन मन्दिर के साथ बनी इस धर्मशाला को भी बहुत सुन्दर ढंग से सजाया-संवारा गया था। ऐसा लगता था कि जैसे कामदेव ने किसी को रिझाने के लिये कोई आडम्बर रच रखा हो। गाड़ियों से उतर कर सभी आदमी, औरतें तथा बच्चे धर्मशाला में आकर बैठ गए। बैलों को खोल कर एक तरफ बाँध दिया गया तथा उन्हें पानी-चारा डाल दिया गया।

अब आमोद-प्रमोद के गंगा चढ़ाने की रस्म शुरू हुई। पूजा अर्चना के बाद गंगा जी में वह स्थान तलाश किया गया जहाँ पानी बहुत कम था। इसके बाद पंडित जी को गंगा नदी के उस जल में खड़ा कर दिया गया। औरतों ने एक बार फिर गंगा जी की स्तूति तथा उसके भेंट स्वीकार करने के गीत गाकर समा बाँध दिया।

पापी तो तैने तार दिए जय-जय गंगे मैया!
जो गंगे का ध्यान करे स्नान करे नर भैया,
धन संपत की कमी न रहती दिन-दिन बढ़े रुपैया।
पापी तो तैने तार दिए जय-जय गंगे मैया!
ब्रह्म कमंडल में से निकली शिवजी जटा बहैया,
छित्तर सी जीवन की नैया, पार लगा दो मैया।
पापी तो तैने तार दिए जय-जय गंगे मैया!
कर्णवास और राजघाट में निर्मल धार बहैया,
अर्पण तुझको आमोद-प्रमोद सबकी पार लगैया।
पापी तो तैने तार दिए जय-जय गंगे मैया!

इसके बाद ऐसा दर्शाते हुए कि आमोद-प्रमोद को गंगा की भेंट कर रहे हैं उन दोनों को गंगा की धारा में प्रवाहित कर दिया गया। पहले से ही गंगा की धारा में खड़े पंडित जी ने आमोद-प्रमोद को लपक लिया। इस पर चारों ओर से आए सभी लोगों द्वारा गंगा मैया की जय जयकार होने लगी और गंगा में बच्चों को चढ़ाने की रस्म पूरी हुई।

बहती गंगा में हाथ धोने के मुहावरे को चरितार्थ करते हुए अधिक लोगों ने गंगा में जी भरकर डुबकियाँ लगाई। इस बीच खाने-पीने का सिलसिला शुरू हो गया। खा-पीकर लोग इधर-उधर बिखर गए। कोई मन्दिर में चला गया तो कोई धर्मशाला में ही सुस्ताने लगा, कोई पेड़ पर चढ़ गया तो कोई गंगा किनारे बैठ गया।

लड़का अभी सोच ही रहा था कि वह कहाँ जाए? इतने में उसे अपने पीछे से जानी पहचानी सी आवाज सुनाई दी, "जीजा जी।" उसने मुड़कर देखा तो पाया कि माला थी। लड़के ने प्रश्न-वाचक दृष्टि से उसकी तरफ देखा।

माला एक एकांत कोने की ओर इशारा करते हुए, "वहाँ।"

लड़के ने हामी में गर्दन हिलाई तथा जिधर माला ने इशारा किया था उस तरफ चल दिया। माला ने भी उसका अनुशरण किया तथा लड़के के पीछे-पीछे चल दी। लड़का पेड़ों के एक झुरमुट के पास जाकर रुक गया।

ऐसा प्रतीत होता था जैसे पेड़ों की लम्बी-लम्बी शाखाएँ दूर-दूर तक जाकर गंगा के जल को छूना चाहती थीं। शीतल मन्द हवा चल रही थी। हवा चलने के कारण पेड़ों के पत्तों की आवाज मधुर संगीत उत्पन्न कर रही थी। पेड़ों की शाखाओं पर कूदते-फान्दते तथा चहचहाते अनेक प्रकार के पक्षी वातावरण को बहुत ही मनोरम तथा मन को लुभावना बना रहे थे। गंगा जी के जल में पड़ते भंवरों को देखते हुए दोनों वहीं किनारे पर बैठ गए।

उन दोनों के लिए यह दृश्य कौतूहलपूर्ण था। भंवर के आस-पास जो भी वस्तु आ रही थी, वह उस गड्ढे में धंस जाती तथा लुप्त हो जाती थी। बहुत देर तक दोनों बैठे हुए इन सभी प्राकृतिक नजारों का लुत्फ उठाते रहे। माला ने गंगा जल को स्पृश करने के लिये ज्यों ही अपना हाथ जल के अन्दर डाला कि बड़े-बड़े कछुओं का झुंड किनारे पर आकर तैरने लगा। इतने विशाल तथा इतनी तादाद में कछुओं को एक साथ देखकर डर के मारे माला के मुहँ से चीख निकल गई तथा वह पास में बैठे हुए लड़के से चिपट गई।

लड़के ने हंसते हुए उसे अपने से दूर हटाते हुए कहा, ‘‘डरने की कोई बात नहीं है, ये ऊपर नहीं आएंगे। जब आपने जल के अन्दर हाथ डाला तो इन्होंने सोचा होगा कि कुछ खाने को मिल रहा है। अतः वे सारे एक साथ इकट्ठा हो गए होंगे।’’

माला लड़के से अलग होते हुए, ‘‘जीजा जी मैं तो बहुत डर गई थी।’’

हालाँकि माला कुछ देर के लिए लड़के से लिपटी रही परंतु थोड़ी देर में डर खत्म होने तथा लड़के के हटाने से माला उससे अलग हो गई। इससे यही जाहिर होता था कि उन दोनों की उमर अभी ऐसी नहीं थी कि इस वाक़िया से उनके दिलों में कुछ हलचल होती।

परंतु इतना अवश्य हो चुका था कि दोनों को एक दूसरे से लगाव सा हो गया था।

लड़के ने अचानक एक सवाल किया, ‘‘अच्छा एक बात बताओ, आप मुझे जीजा जी क्यों कहती हो?’’

‘‘आप मेरे जीजा जी ही तो हो।’’

‘‘नहीं मैं आपका जीजा जी नहीं हूँ बल्कि मेरे भाई आपके जीजा जी हैं।’’

‘‘तो फिर मैं आपको क्या कहूँ?’’

‘‘मुझे आप ‘‘तू’’ कहकर ही बुलाओ क्योंकि इसी शब्द से आपने मुझे पहली बार सम्बोधित किया था।’’

माला शर्मिंदा होकर अपना सिर झुकाकर बोली, ‘‘आप मुझे शर्मिन्दा कर रहे हैं। वह तो मेरे से अनजाने में गलती हो गई थी। मैंने सोचा था कि आप कोई ऐसे वैसे ही आदमी थे जो गलत काम करने के लिए हमारा पीछा कर रहे थे।’’

लड़के ने चुटकी लेते हुए पूछा, ‘‘तो अब मैं आपको कैसा लग रहा हूँ। ऐसा वैसा ही या कुछ अच्छा?’’

लड़के का प्रश्न सुनकर माला का चेहरा लाल सुर्ख हो गया। वह शर्माने के साथ-साथ कुछ झेंप सी गई। उसने अपने दोनों हाथ जोड़कर कहा, ‘‘मैं आपसे अपनी गलती के लिए माफी माँगती हूँ।’’

‘‘अरे आप तो बहुत जल्दी भावुक हो गई। मैं तो मजाक कर रहा था। अच्छा आप मुझे गुलाब कहकर बुला लो।’’

माला तपाक से, ‘‘नहीं, वह मैं नहीं कर सकती।’’

‘‘क्यों नहीं भला?’’

‘‘क्योंकि आप मेरे से बड़े हो। वैसे अब मुझे आपका नाम पता चल गया है।’’

‘‘तब तो आप मुझे मेरे नाम से ही बुला लेना।’’

माला ने जोर देकर नकारा, ‘‘नहीं मैं वह भी नहीं करुंगी।’’

गुलाब कुछ सोचकर परंतु यह न जानते हुए कि इसका क्या मतलब लिया जाता है, ‘‘तो......फिर आप मुझे ‘‘जी’’ कहकर ही बुला लिया करो।’’

हॉंलाकि एक लड़की होने के नाते माला जानती थी कि एक लड़की ''जी'' किसे कहकर पुकारती है। तभी तो गुलाब के मशवरा देनें पर पहले उसे भी कुछ अटपटा सा लगा था। परंतु फिर न जाने क्या सोचकर माला ने गुलाब के प्रति ''जी'' कहकर बुलाने की हाँमी भर दी।

माला और गुलाब को मिले ज्यादा समय नहीं हुआ था फिर भी उनमें लगाव कुछ अधिक ही बढ़ गया था। वे एक साथ खाते तथा जब भी समय मिलता बैठकर खूब देर तक बातें करते रहते थे। गुलाब वहाँ केवल तीन दिनों तक ही रहा था परंतु वहाँ से विदा होते समय उसका मन कुछ उदास सा लग रहा था। ऐसा ही कुछ माला के साथ भी हो रहा था। जब गुलाब अपने भाई तथा भाभी जी के साथ घर से बाहर जाने लगा तो माला ने सबकी आँख बचाकर धीरे से गुलाब का हाथ दबाकर फिर मिलने को कहा। जिसे गुलाब ने सहर्ष स्वीकार लिया तथा अपने भाई का अनुशरण करता हुआ बाहर निकल गया।

इसके लगभग दो साल बाद गुलाब की बहन की शादी थी। माला भी अपने भाई के साथ शादी में शरीक होने दिल्ली आई थी। जितने दिन माला वहाँ रही गुलाब के साथ लुका छिपी का खेल खेलती रही। उन दोनों को और किसी से कोई मतलब न था जैसे उन्होंने अपनी नई दुनिया ही बसा रखी हो। अपनी बहन की शादी के लिये काम करते-करते गुलाब काफी थक सा गया था। अतः उसकी विदाई से पहले खाली समय सोचकर वह अपने मकान की ऊपरी मंजिल एक एकांत में जाकर आराम करने लगा।

गुलाब को अभी कुछ ही समय बीता होगा कि उसे महसूस हुआ कि जैसे कोई आकर उसकी पायतों में बैठ गया है। जब गुलाब ने यह जानने की कोशिश नहीं की कि वह कौन था तो धीरे से उसे अपने पैरों पर किसी के स्पृश का अनुभव हुआ। उसने आँखे खोलकर देखा तो वह माला थी। हालाँकि माला और गुलाब में आपस का लगाव काफी बढ़ चुका था परंतु इतना भी नहीं कि रात के इस सन्नाटे में इतनी देर रात में माला का अकेले में गुलाब के पास आ जाना। गुलाब कुछ अन्दाजा न लगा सका

कि माला का ऐसे आने का क्या तात्पर्य हो सकता है। अतः वह निश्चल लेटा रहा। माला धीरे से पायतों से उठी तथा चारपाई के सिराने के पास जमीन पर बैठ गई। यह देख गुलाब उठकर चारपाई पर बैठ गया और माला को सहारा देकर अपने पास चारपाई पर बैठा लिया।

गुलाब माला का मुर्झाया चेहरा देखकर, "क्या बात है, कुछ उदास सी दिख रही हो?"

"हूँ, मैं कल चली जाऊँगी।"

"हाँ वह तो है।"

"जाने से पहले मैं आपसे कुछ कहना चाहती हूँ?"

"बे-झिझक कहो।"

माला एकदम से गुलाब के सीने से लगकर गाने लगती है।

तुम्ही मेरे मन्दिर तुम्ही मेरी पूजा,
तुम्ही देवता हो, तुम्ही देवता हो।
कोई मेरे दिल से पूछे तो जाने कि,
तुम मेरे क्या हो, तुम मेरे क्या हो।

....

गाना अभी पूरा भी नहीं हुआ था कि किसी के ऊपर चढ़ने की पैरों की आवाज सुनकर माला एकदम से उठकर नीचे चली गई। गुलाब को माला से ऐसे व्यवहार की बिलकुल भी अपेक्षा नहीं थी। गुलाब इन सब बातों का मतलब समझने लगा था परंतु वह तो इस रिस्ते को अभी तक केवल दोस्ती के रूप में ही तवज्जो दे रहा था। खैर सुबह हुई और माला चली गई। पीछे छोड़ गई गुलाब के मन में एक खिंचाव, अनजानी चुभन और अपने प्रति लगाव।

II

लाला राम रतन गुप्ता एक मध्य वर्गीय श्रेणी के व्यक्ति थे। वे सैंट्रल बैंक आफ इंडिया-ग्वालियर की शाखा में रोकड़िया के पद पर कार्यरत थे। लाला जी पुराने ख्यालात के शरीफ, ईमानदार एवं भगवान में आस्था रखने वाले व्यक्ति थे। चाहे गर्मी हो या बरसात या फिर सर्दी उनके हाथ

में छतरी तथा सिर पर टोपी अवश्य देखी जा सकती थी। उनका पहनावा भी धोती कुर्ता ही था। एक दिन जब वे बैंक से घर आए तो पसीने से तरबतर हो रहे थे। वे धम्म से बिस्तर पर बैठ गये तथा पसीना पोंछते हुए आवाज लगाई, "संतो की माँ, एक गिलास ठंडा पानी तो लाना।"
पानी का गिलास हाथ में पकड़ाते हुए, "लो जी।"

लाला जी पानी पीकर थोड़ी राहत महसूस करते हैं फिर कहते हैं आज बहुत गर्मी है। एक गिलास शिकंजी का पिला दो तो बहुत कृपा होगी। लाला जी की फर्माइश सुनकर उनकी पत्नी, रामकली, जाने को होती है तभी लाला जी ने कहा, "और सुनो मेरी अटैची में एक जोड़ी कपड़े रख देना। इतनी देर मैं थोड़ा सुस्ता लेता हूँ।"
रामकली आश्चर्य से, "क्यों भला?"

लाला जी ने लेटते हुए बताया, "आज अपनी लड़की संतो के लिए एक लड़का देखने जाना है।"

"कहाँ?"

"कासगंज, सुना है लड़का रेलवे में ईंजन ड्राईवर है।"

कासगंज स्टेशन पर लाला राम रतन ने जब ड्यूटी रूम में जाकर पता किया कि बाबू राम नाम का ड्राईवर कहाँ मिलेगा तो ड्यूटी रूम ईंचार्ज ने अपनी याददाश्त पर जोर डालते हुए कहा, "भाई साहब शायद आप गलत नाम से पूछ रहे हैं।"

"मुझे तो यही नाम बताया गया था।"

ईंचार्ज ने अपनी याददाश्त पर जोर देकर कहा, "माफ करना लाला जी, यहाँ इस नाम का कोई ईंजन ड्राईवर नहीं है।"

लाला राम रतन कुछ मायूस से होकर ड्यूटी रूम से बाहर आ जाते हैं। एक कोने में प्लेटफार्म पर पड़े बैंच पर बैठकर, हाथ मुँह धोकर वे पहले नाश्ता करते हैं। थके होने के कारण वे कुछ देर आराम करते हैं। तरोताजा होने के बाद अचानक उनको ख्याल आता है कि क्यों न किसी और व्यक्ति से भी पूछ लिया जाए बल्कि यहाँ के किसी ईंजन ड्राईवर से ही पूछना बेहतर रहेगा।

लाला जी एक ड्राईवर से, "क्यों भाई साहब क्या आप बता सकते हैं कि बाबू राम नाम का ड्राईवर कहाँ मिलेगा?"

ड्राईवर कुछ सोचते हुए, "लाला जी इस नाम का ड्राईवर तो यहाँ कोई नहीं है, अलबत्ता ईंजन का एक खलासी अवश्य है।"

राम रतन जो नहीं जानते थे कि खलासी क्या होता है पूछा, "खलासी का मतलब?"

ड्राईवर ने जानकारी दी, ईंजन में कोयला झोंकने वाला।"

राम रतन ने उत्सुकता से पूछा, "क्या आप जानते हैं कि उसके बाप का नाम श्री ईश्वर प्रसाद है?"

ड्राईवर ने हामी भरकर कहा, "आपने बिलकुल ठीक फर्माया।"

"वह कहाँ मिल सकता है?"

ड्राईवर ने अपनी ऊँगली का इशारा करके कहा, "वह सामने देखो ईंजन के दरवाजे में खड़ा है।"

लाला राम रतन का माथा खलासी का नाम एवं काम सुनकर ही ठनक गया था फिर भी वे इतनी दूर से आए थे। अतः बाबू राम से मिलना ही उचित समझा। बात करने पर पता चला कि उसका वेतन तो कुछ खास नहीं था परंतु कोयला बचाकर बेचने पर ऊपर से काफी अच्छी कमाई हो जाती है। बाबू राम का काला बदन एवं शक्ल देखकर राम रतन को वह अपनी लड़की के लिए बिलकुल भी नहीं जँचा। इसलिए लाला राम रतन उल्टे पावँ अपने घर लौट आए।

दूसरी बार लाला राम रतन एक ऐसे लड़के को देखने गए जो इंकमटैक्स के महकमे में काम करता था। वे लड़के के बाप रघुवर से मिले और तहकीकात की, "आपका लड़का किस आफिस में काम करता है?"

रघुवर ने बड़े रौब से बताया, "वह इंकम्टैक्स के दफतर में क्लर्क है।"

"आपके लड़के को महीने की पगार क्या मिलती होगी?"

रघुवर ने बड़े घमंड़ से बताया, "अजी पगार तो नाम के लिए है। बस

चार हजार के लगभग है। वैसे यह तो उसकी नाम की तनख्वाह है और इससे तो उसका जेब खर्च भी पूरा नहीं होता।"

राम रतन आश्चर्य से, "तो फिर।"

रघुवर आगे बताने के लिए उतावला था, "मेरे लड़के को ऊपर से जो पड़ता है वह इसको चालिस हजार बना देता है।"

राम रतन रघुवर की बात सुनकर उठ खड़े हुए तथा यह कहते हुए चले गये कि अभी आपका लड़का तो है नहीं जब उसे देखने आऊँगा तो आगे बात बढ़ाऊँगा।

तीसरी बार जब राम रतन लड़का देखने गये तो वह सैल टैक्स में काम करने वाला मिला। वहाँ भी पहले की तरह बातें हुई कि वैसे तो मासिक वेतन कम है परंतु ऊपर से 1000-1200 रूपये रोज के कहीं नहीं गए। लाला जी यहाँ से भी पहले की तरह कि घर जाकर सलाह बना कर जवाब दूंगा वापिस घर आ गये।

असल में लाला जी उस घर की तलाश में थे जिस घर में ईमानदारी ने घर कर रखा हो। अभी तक उन्हें इसमें सफलता नहीं मिल पाई थी। तभी तो बड़े मायूस होकर उन्होंने अपनी पत्नि से कहा था, "संतो की माँ जमाना कितना खराब आ गया है। ईमानदारी तथा मेहनत की कमाई पर तो कोई जीना ही नहीं चाहता। घूसखोरी ओर भ्रष्टाचार तो इस कदर बढ़ गया है कि जिससे बात करो ऊपर की कमाई के ढोल पीटता है। पता नहीं मेरी बिटिया को कैसा वर तथा घर मिलेगा। मैं तो बहुत परेशान हो गया हूँ। कितने ही लड़के देख चुका हूँ, अभी तक कोई ढंग का लड़का ही नहीं मिला।"

लाला जी की पत्नी ढांढस बढ़ाकर हर बात कहती, "आप अधिक चिंता मत करो। जब हमारी लड़की को भगवान ने इस धरती पर भेजा है तो उसकी जोड़ी भी बनाई ही होगी।"

राम रतन अपनी चिंता जाहिर करते, "वह तो ठीक है परंतु दूसरी लड़की भी तो तैयार हो गई है शादी करने को। चाहे दोनों की एक साथ कर दो।"

"उसका भी सब हो जाएगा।"

राम रतन जैसे दौड़-धूप करते करते बहुत निराश हो चुके थे, "हो तो जाएगा, परंतु पहले इसका तो हो।"

रामकली ने बड़े संयम से कहा, "अच्छा अब सब सोच-विचार छोड़कर आराम से सो जाओ। रात काफी हो चुकी है। सुबह डिबाई शादी में भी जाना है।"

III

लाला मुंशी राम का मकान एक बार फिर केंद्र बिन्दू बना। इस बार उनके आनन्द प्रकाश की शादी है। हर ओर खुशी का वातावरण है। एक-एक करके मेहमान आकर इकट्ठा हो रहे हैं। अगले दिन बारात जानी है। यह खबर डिबाई में पहले से ही फैल चुकी थी कि इस बार भी दिल्ली से अपने भाई श्री चन्द तथा भाभी शालू के साथ गुलाब ही आने वाला है।

ये तीनों जब घर के दरवाजे पर पहूँचे तो अन्दर औरतों का गाने बजाने का प्रोग्राम चल रहा था।

मेरी नैया में लक्ष्मण राम गंगा मैया धीरे बहों,
कौन की गंगा, कौन की नैया, कौन के लक्ष्मण राम?
गंगा मैया धीरे बहों।
भागीरथ की गंगा, केवट की नैया, दशरथ के लक्ष्मण राम,
गंगा मैया धीरे बहों।
क्या करे गंगा, क्या करे नैया, क्या करे लक्ष्मण राम?
गंगा मैया धीरे बहों।
पाप हरे गंगा, पार करे नैया, भक्तों को तारे राम,
गंगा मैया धीरे बहों।
सुनो सुनो ये राम का नारा, कलयुग में है एक सहारा,
बिना भजन नहीं विश्राम, गंगा मैया धीरे बहों।
मेरी नैया में लक्ष्मण राम गंगा मैया धीरे बहों।

माला नाच रही थी। गुलाब ने ज्यों ही अपना कदम घर के अन्दर रखा तो वह नाचने वाली को भौचक्का सा देखता ही रह गया। गोरी चिट्टी लड़की, इकहरा बदन, टमाटर जैसे लाल गाल, कद लम्बा तथा काले काले लम्बे बाल जो जमीन छूना चाह रहे थे, कटीले नयन नक्श, उपर से सलीके से किये गये शृंगार में वह ऐसी लग रही थी जैसे कोई परी जमीन पर उतर आई हो।

सभी माला को एकटक देखे ही जा रहे थे परंतु वह थी कि इस सबसे बेखबर नाचे ही जा रही थी। आगंतुकों को देखकर औरतों की ढोलक पर थाप कुछ कम हो गई तथा वे एक दूसरे से कुछ कानाफूसी करने लगी। ढोलक की धीमी थाप के कारण माला के नाचने के अन्दाज में भी कुछ धीमापन आ गया। इससे पहले कि वह कुछ समझ पाती उसकी निगाहें गुलाब से जा टकराई जो एक बुत की भाँति खड़ा उसे निहार रहा था। जैसा हाल गुलाब का था वैसा ही माला का हो गया। उसके हाथ नाचने के अन्दाज में उपर ही अटक कर रह गये। सभी देखने वालों को ऐसा जान पड़ता था जैसे वे दोनों बच्चों का खेल "स्टैचू-स्टैचू" खेल रहे हों।

गुलाब की तंद्रा को उसकी भाभी जी की आवाज ने खंडित कर दिया। वे पानी का गिलास लिए खड़ी थी तथा उसे लेने के लिए कह रही थी। गुलाब की माला पर से निगाह हटते ही वह भी सपनों की सी दुनिया से बाहर आई तथा झट से अन्दर भाग गई।

दोपहर से शाम ढल गई। गुलाब की आँखे चारों ओर देख देख कर थक गई तथा माला की छवि निहारने को तरस गई। वह न जाने कहाँ छुप कर बैठ गई थी कि उसके बाद नजर ही न आई। उनके घर की बनावट भी कुछ अजीब ही थी। छोटे-छोटे दरवाजे तथा छोटी-छोटी खिड़कियाँ थी। दरवाजे तथा खिड़कियों में कुछ अंतर ही नजर नहीं आता था क्योंकि एक कमरे से दूसरे कमरे में जाने के लिये खिड़की नूमा दरवाजे लगे थे। हालाँकि गुलाब माला के दर्शनों को तरस गया था परंतु उसे अपने अन्दर विश्वास हो रहा था कि कहीं न कहीं से माला चोरी छिपे उसकी बेबसी को अवशय निहार रही होगी।

रात के खाना खाने का शोर उठा। सब खाना खाने के लिए उठकर नीचे आँगन में पहुँच गए। गुलाब जानबूझकर नीचे जाने में देर लगा रहा था क्योंकि अब माला की अनुपस्थिति उससे बर्दास्त नहीं हो पा रही थी। माला ने भी शायद यह भाँप लिया था तभी तो गुलाब की इंतजार की घडियों को समाप्त करते हुए वह धीरे से पीछे से आई ओर बोली, ''जीजा जी, क्या खोज रही हैं आपकी आँखे?''

माला की आवाज सुनकर गुलाब का रोम-रोम पुलकित हो उठा। उसने अपनी आँखे बन्द कर ली तथा माला के कहे एक-एक शब्द से आनन्दित महसूस करने लगा।

माला गुलाब के सामने आकर, ''क्या अब आँखे बन्द ही रखोगे?''

''हाँ।''

''क्यों भला?''

''तुम्हारे कहे शब्दों की आवाज ने ही जब मुझे इतना आनन्द विभोर कर दिया है तो तुम्हें देखकर खुशी का कोई पारावार ही न रहेगा। शायद मेरा दिल इतनी खुशी सहन न कर सके। इसलिए मैंने अपनी आँखे बन्द कर रखी हैं।''

''दोपहर से तो आँखे एक पल के लिए भी बन्द नहीं हुई थी।''

''तुम्हें कैसे पता?''

''मैं चुपके-चुपके छुप कर सब देख रही थी।''

''तो आपको मुझे तड़पाने में मजा आता है।''

''तड़पाने में नहीं आपको खिलाने में मजा आता है।''

''अच्छा जी, तो हमें आपने एक बच्चा समझ रखा है।''

''बच्चे हो तभी तो आँखे बन्द किए बैठे हो। (थोड़ा बनते हुए) अगर अब आँखे नहीं खोली तो हम चले जाएँगे।''

''अरे ऐसा गजब न करना'', अब तक गुलाब का मन शांत हो चुका था, ''अभी तो शक्ति आई है कि तुम्हारा दिदार कर सकूं।'' फिर धीरे से आँख खोलकर, ''माला।''

माला चहकते हुए, "जीजा जी।"

"जीजा जी नहीं। वही कहो जो आज से आठ साल पहले कहा था।"

"शैतान कहीं के।"

"क्यों क्या हुआ?"

"कुछ नहीं, जल्दी नीचे चलो सब खाने का इंतजार कर रहे हैं?", वह जाने के लिए मुड़ जाती है।

अचानक गुलाब ने घूमती हुई माला का हाथ पकड़ लिया। ज्योंही माला का हाथ उसके हाथ में आया वह एड़ी से चोटी तक झनझना गया। माला के हाथ मखमल की तरह मुलायम थे और फिर उसने पहली बार किसी हम उम्र लड़की का हाथ पकड़ा था। वह अपने को काबू में न रख पाया। अतः एक झटका देकर माला को अपनी ओर खींच लिया। माला एक नाजूक लता की तरह झूमती हुई गुलाब से तथा माला के मखमली सुनहरी गाल गुलाब के होठों से जा टकराए।

इतने में नीचे से माला की बहन तथा गुलाब की भाभी जी, शालू की आवाज सुनाई दी, "सभी नीचे आ जाओ खाना लग चुका है।"

इस पर माला ने अपना हाथ छुड़ाया तथा जल्दी से नीचे की ओर भागी। नीचे आकर वह खाने की पंगत में एक कोने में बैठ गई तथा दबी निगाहों से गुलाब के नीचे आने का इंतजार करने लगी। गुलाब भी चोर निगाहों से माला को देखता हुआ खाने के लिए पंगत में बैठ गया।

खाने की पंगत में गुलाब की बगल में माला के बड़े भाई राम रतन जी (माला के चाचा जी के लड़के) बैठे थे। खाना खाने के दौरान राम रतन ने गुलाब से बात छेड़ दी,

"आपका नाम क्या है?"

"गुलाब।"

"पूरा नाम?"

"गुलाब सिंह गुप्ता।"

"यह "सिंह" कैसे जुड़ गया?"

"स्कूल वालों की गलती से अन्यथा मेरा "दास" था।"

“अभी पढ़ रहे हो?”

“जी पढ़ भी रहा हूँ तथा सर्विस भी कर रहा हूँ।”

“नौकरी कहाँ करते हो?”

“भारतीय वायु सेना में।”

“आजकल ड्यूटी कहाँ पर है?”

“अभी तो बैंगलोर में है परंतु यहाँ से जाने के बाद जम्मू जाना है।”

“क्या तनखा पाते हो?”

“तीन हजार के लगभग मिल जाते हैं।”

“और कुछ?”

“और कुछ का क्या मतलब?”

“मेरा मतलब है कि ऊपर से क्या पड़ता होगा?”, लाला राम रतन के कान ऊपर से इतना पड़ता होगा सुन-सुन कर पक गए थे। अतः अबकी बार उन्होंने पहले ही खुद पूछ लिया था।

गुलाब एक भोला भाला, सादा, ईमानदार और एक वफादार सैनिक था। राम रतन के प्रश्न का आशय वह समझ गया था। उसको ऊपर से कुछ भी आमदनी नहीं थी। अतः उसने बडी सादगी से आसमान की ओर देखते हुए जवाब दिया, “लाला जी ऊपर से तो बम ही गिरेंगे।”

गुलाब का उत्तर सुनकर लाला राम रतन के साथ साथ वहाँ बैठे सभी लोग हँसे बिना न रह सके। राम रतन को लड़के का उत्तर बहुत सटीक एवं मन को छू जाने वाला लगा। वे अपने मन में बहुत संतुष्ट हुए तथा सोचने लगे कि जैसा लड़का वे अपनी लड़की के लिए चाहते थे वह यह है। परंतु लाला जी को क्या पता था कि वह लड़का आज ही किसी और को नहीं बल्कि उनकी चचेरी बहन को अपना दिल दे बैठा था।

लाला राम रतन और गुलाब के बीच जब ये वार्तालाप चल रहा था तो बीच-बीच में माला एवं गुलाब चोरी-चोरी आपस में एक दूसरे को देख लेते थे। इसके अलावा जब शालू ने माला को खाने के लिए जल्दी आने को आवाज दी थी तो केवल वे ही दोनों उपर से उतरे थे। इससे गुलाब

की भाभी शालू ने यह भाँप लिया था कि उनके बीच कुछ खिंचाव शुरू हो चुका था।

खाना समाप्त होने के बाद जब सब लोग आराम फरमा रहे थे तो मुनासिब समय तथा एकांत जान कर शालू ने अपने देवर गुलाब से सवाल किया, "देवर जी, कुछ बदले-बदले नजर आ रहे हो?"

"क्यों भला? भाभी जी आपने क्या देख लिया जो आप ऐसा कह रही हो?"

"देखा तो हमने बहुत कुछ है।"

"कुछ तो बताओ, कुछ तो पता चले।"

"आप लोगों की लुका-छिपी और क्या।"

"कैसी लुका-छिपी?"

"ज्यादा बनो मत। (सीधे बात पर आते हुए) अच्छा साफ-साफ बताओ कि क्या माला तुम्हें पसन्द है?"

"भाभी जी...वो....", गुलाब शर्मा कर इधर-उधर बगलें झाकने लगता है।

"तो बात आगे बढ़ाऊँ। बात करूँ अपने पिता जी से?"

"इस बारे में मैं क्या कह सकता हूँ। ये तो बड़े लोगों की बातें होती हैं। फिर अभी तो हम दोनों बहुत छोटे हैं।"

"अपने को छोटे कहते हो तथा खेलते हो आँख मिचौली।"

"वैसे भाभी जी अभी तो हमें एक दूसरे को समझना भी तो होगा।"

"क्या मतलब?"

गुलाब कुछ संकुचाते हुए, "भाभी जी एक बार....एकांत में....हम दोनों मिलकर बात तो करलें।"

"अच्छा ऐसा करो। थोड़ी देर बाद, मैं माला को किसी काम से बाहर भेजूँगी। तुम दोनों बाहर से ही साथ वाले पार्क में चले जाना तथा एक घंटे बाद वापिस आ जाना। याद रहे अपनी सीमा में ही रहना।"

गुलाब एकदम हवा से बातें करता हुआ पलक झपकते ही घर से बाहर हो गया तथा पार्क के बाहर माला के आने का इंतजार करने लगा।

कुछ देर बाद वह भी वहाँ आ गई तथा दोनों अन्दर चले गये।

"तुम्हें यहाँ किसने भेजा है?"

"जिसने तुम्हें भेजा है।"

गुलाब थोड़ा बनते हुए, "क्यों भला?"

"मैं क्या जानूँ।"

"मैं बताऊँ मुझे समझने के लिए।"

"मैं आपको क्या समझूंगी?"

गुलाब बेझिझक, "यही कि वास्तव में, मैं आपका "जी" बन सकता हूँ या नहीं।"

माला शर्मा कर गुलाब की छाती से लगकर कहती है, "तुम बड़े वो हो जी। मेरे मुहँ से साफ-साफ कहलवाना चाहते हो तो जानलो कि मैं गुलाब की माला हूँ।"

गुलाब माला को अपनी बाँहों में भर लेता है। वह अपनी बाजूओं की जकड़ तेज करना ही चाहता है कि माला उसकी बाँहों से फिसल जाती है तथा दूर भागने का प्रयास करती है गुलाब उसे पकड़ने को उसके पीछे दौड़ता है।

IV

आनन्द प्रकाश की शादी सुचारू रूप से सम्पन्न हो गई। बारात वापिस घर आ गई। शाम का खाना चल रहा था। पंगत में गुलाब की बगल में आगरा के सूरज प्रकाश बैठे थे। वे बहुत ही साधारण किस्म के आदमी जान पड़ते थे। हालाँकि उन्होंने पैंट कमीज तो पहन रखी थी परंतु सिर पर गाँधी टोपी भी पहने थे। गुलाब को उनसे अपना रिश्ता भी नहीं पता था कि वे उनके क्या लगते थे। सूरज प्रकाश बिलकुल शांत किस्म के व्यक्ति प्रतीत होते थे क्योंकि गुलाब ने उन्हें बहुत कम बोलते सुना था। खाना खाते हुए भी वे न तो कुछ माँग रहे थे तथा न ही जबान से मना कर रहे थे। वे हाथ के इशारे से ही समझा कर सब कुछ करवा रहे थे।

खाने में खीर बनी थी परंतु उसमें उन्हें मीठा कुछ कम लगा। अतः उन्होंने अपनी चुटकी खीर के उपर फिराते हुए इशारा किया कि उन्हें इसमें बूरा डलवानी है। उनकी चुटकी का इशारा काफी देर तक शायद किसी ने नहीं देखा परंतु बगल में बैठा गुलाब यह सब देख रहा था। उसने उनकी सहायता करने के इरादे से पास में रखी प्याली से दो चम्मच बूरा सूरज प्रकाश की खीर में डाल दी। इस पर सूरज प्रकाश का चेहरा गुलाब का धन्यवाद करता नजर आया।

सूरज प्रकाश ने बूरा को अच्छी तरह फेंट कर खीर का एक लम्बा सुडप्पा मारा। परंतु यह क्या वे एक दम पंगत से उठे तथा मुहँ में भरी खीर को नाली में पलट दिया। खाने पर बैठे सभी जीमने वाले अपने-अपने अन्दाजे से पूछने लगे कि क्या मक्खी गिर गई? कोई कंकर आ गया या कोई और बात हो गई?

सूरज प्रकाश वापिस खाने को नहीं बैठे क्योंकि उनका यह मत था कि एक बार खाना खाने से जो उठ गया उसे दोबारा खाने के लिए नहीं बैठना चाहिए। उन्होंने सिर्फ इतना ही कहा कि उनकी खीर में नमक आ गया था। खीर में नमक का सुनकर कई तो हँसने लगे तथा कई सोचने लगे कि आखिर केवल उनकी खीर में ही नमक कैसे गिर गया? असल में हुआ क्या था उनके सामने दो भरी हुई प्यालियाँ रखी थी। एक में नमक था तथा दूसरी में बूरा थी। गुलाब ने बिना पता किए सूरज प्रकाश के इशारे को समझते हुए नमक को बूरा समझ कर उनकी खीर में डाल दिया था। जब सूरज प्रकाश उठकर अचानक भागे तो गुलाब भी अपनी हँसी रोक न पाया था परंतु जब वे दोबारा खाने पर न बैठे तो उसे दुःख भी बहुत हुआ था कि उसकी वजह से एक भोला-भाला सादा इंसान भूखा रह गया था।

बारात से वापिस आकर अधिकतर व्यक्ति अपने को थका-थका सा महसूस कर रहे थे। अतः रात होते-होते सभी ने अपने-अपने बिस्तर पकड़ लिये।

इतनी अधिक गर्मी नहीं थी कि दरवाजों को बन्द करके अन्दर सोया जाता। अतः सोने के लिए या तो हवा से थोड़ी सी आड़ काफी थी या एक चादर औढ लेने से काम चल सकता था। गुलाब ने अपनी चारपाई कमरे के दरवाजे की आड़ में कर रखी थी तथा एक चादर भी ले रखी थी। वह अपनी चारपाई पर अकेला सोया था परंतु रात के एक बजे के लगभग उसे महसूस हुआ कि उसके साथ कोई और भी लेटा हुआ है। अंधेरे में पहचानना मुशकिल था। इतने में गुलाब के कानों में एक धीमी सी आवाज टकराई, "जीजा जी।"

आवाज सुनकर एक बार तो गुलाब का शरीर सुन्न सा हो गया जैसे उसे किसी साँप ने सूँघ लिया हो। वह किंकर्तव्यविमूढ़ हो गया परंतु जल्दी ही उसने अपने को सम्भाला। उसे ज्ञान था कि उनकी उम्र की अवस्था मानसिक, शारीरिक और भावनात्मक परिपक्वता के विकास की अवस्था थी। इस समय किशोर-किशोरी तीव्र यौन इच्छा का अनुभव करते है। इसी कारण विपरीत लिंग के प्रति आकर्षित होना स्वाभाविक है। यह अवस्था उनके लिए अत्यंत संवेदनशील होती है। इस अवस्था में अगर मन बहक जाये तो इंसान गर्त के गड्ढे में धंसता चला जाता है। इसी को सोचकर गुलाब बिजली की तेजी से उठा फिर सहारा देकर बड़े प्यार से माला को उठाया। इसके बाद वे दोनों बाहर आकर खुले में परंतु एक आड़ लेकर बैठ गये। गुलाब यह तो समझ चुका था कि उसकी प्रेयसी आपे से बाहर हो गई थी तथा उसके कोमल हृदय को ठेस लगने से बचाने के लिये बहुत ही कोमलता एवं शालीनता से काम लेना होगा। गुलाब ने माला को धीरे से अपने बाहुपास में ले लिया तथा समझाने लगा।

"माला सुनो, हमारा दिल और दिमाग एक अथाह समुंद्र की तरह है। जैसे एक समुंद्र की सतह में हीरो मोतियों के साथ-साथ अनेक प्रकार के भयंकर जीव जंतु भी वास करते हैं उसी प्रकार हमारे दिल और दिमाग में भी न जाने कितनी ही बातें एवं विचार भरे रहते हैं। जिनका कोई पार नहीं पा सकता। इनमें प्यार, नफरत, स्नेह, द्वेष, झूठ, सत्य, धोखा और इंसानियत इत्यादि सभी विद्‌वमान होते हैं। मैं तुम्हें धोखा नहीं देना

चाहता। तुम्हारा निश्छल प्यार मेरे मन के एक कोने में हमेशा बसा रहेगा। मेरे भीतर, विश्वास हो तुम मेरा, मुझ से वायदा करो, अपने को बिखरने नहीं दोगी, चाहे हमारा मिलन हो या न हो। क्योंकि हर बार चाहा नहीं मिलता तथा यह भी जरूरी नहीं कि केवल मिलकर ही पूर्णता प्राप्त हो सकती है।"

"देखो अभी हमारी उम्र ऐसी नहीं हुई है कि नाजायज रिश्ते बनाऐं जाएँ। आपको पता ही है कि आपकी बहन तथा मेरी भाभी जी हमारे रिश्ते के हक में है। उन्हें पूरा विश्वास है कि हम ऐसा कोई काम नहीं करेंगे जिससे हमारे घरों की बदनामी हो। इस विश्वास के रहते ही उन्होंने हम दोनों को अकेले पार्क में मिलने का मौका भी दिया था। अपने को सम्भालो तथा उचित समय का इंतजार करो।"

गुलाब की बात सुनकर माला कुछ आपे में आई। उसने आखें उठाकर गुलाब की तरफ देखा। गुलाब की निगाहों में उसकी इच्छा पूर्ति न कर पाने की बेबसी साफ झलक रही थी। साथ ही साथ सन्देशा दे रही थी कि वह हर प्रकार से समर्थ है परंतु अपने प्यार को वह एक वासना तृप्ति का रूप नहीं देना चाहता था। गुलाब ने माला का चेहरा अपने दोनों हाथों में ले लिया तथा धीरे से अपने होठों द्‌वारा उसके सुर्ख मखमली गाल को छूकर विदा ली।

माला के जाने के बाद उसे नींद तो कैसे आती शायद माला का भी वही हाल रहा होगा क्योंकि सुबह सभी आए हुए मेहमानों के साथ गुलाब को भी विदा लेकर अपने घर जाना था।

V

पाकिस्तान ने अचानक ही भारत की सीमा पर गोलाबारी शुरू कर दी। इसके साथ-साथ पाकिस्तान के जंगी जहाज भी भारत में स्थित अन्दरूनी ठिकानों पर बम-वर्षा करने के लिए उड़ान भरने लगे। इस नाजुक स्थिति से निपटने के लिए भारत सरकार की तरफ से ऐलान किया गया कि सभी फौजी जवानों की छुट्टियाँ रद्द कर दी गई हैं। अतः सभी

जवान जितनी जल्दी हो सके अपनी-अपनी युनिट में रिपोर्ट करें। गुलाब इन दिनों भारतीय वायु सेना में कार्यरत था। वह अपने घर छुटियों पर आया हुआ था। अतः सरकार के ऐलान के अनुसार वह भी अपनी युनिट, जो जम्मू में थी, के लिए चला गया। गुलाब भारतीय वायु सेना में अब एक कार्पोरल था तथा रडार मैकेनिक के पद पर काम कर रहा था। युद्ध एक भीषण रूप ले चुका था। गुलाब जब अपनी यूनिट पहुँचा तो वहाँ अफरा-तफरी मची हुई थी। कमांडर तथा जंगी जहाजों के चालकों के हौसले कुछ पस्त से नजर आ रहे थे तभी तो हर हमले के बाद उनकी मिटिंग होती थी कि क्यों वे अपने लक्ष्य को निशाना नहीं बना पा रहे हैं।

कमांडरः हमने अभी तक जितनी बमबारी की है उसमें हम ज्यादा सफल नहीं हो पाए हैं। क्योंकि दुश्मन का हमला पहले की तरह पूरे जोरों से चल रहा है। इसका यही कारण हो सकता है कि दुश्मन ने अपने ठिकाने बदल लिए हैं। हमारे पास जो इंफार्मेशन है, वह पुरानी तथा गलत है।

एक पायलटः सर यह बात बिल्कुल ठीक लगती है क्योंकि कल रात जो हमने बमबारी की थी उससे उनकी दक्षिण की चौकी का सफाया हो जाना चाहिए था परंतु पता चला है कि आज सुबह वह दिशा सक्रिय देखी गई है।

कमांडरः इससे साफ जाहिर होता है कि पाकिस्तान की फौजों ने अपनी चौकियों की जगह बदल ली हैं।

दूसरा पायलटः सर फिर तो यह जरूरी हो जाता है कि अगले हमले पर जाने से पहले हमें अपनी चौकियों की नई स्थिति का पता लगाने के लिए एक बार फिर सर्वे करवा लेना चाहिए।

तीसरा पायलटः हाँ सर, नहीं तो हमारा बारूद बर्बाद ही होता रहेगा तथा दुश्मन का हौसला बढ़ता ही जाएगा।

कमांडर : ओके ओके (अपने असिस्टैंट से) सर्वे करने के लिए किसको भेजना उचित रहेगा।

असिस्टैंटः सर, वैसे तो तीन-चार जवान इस काम में दक्ष हैं परंतु समय की नाजुकता और अभाव को देखते हुए "गुलाब" को ही भेजना उचित होगा।

कमांडरः यह कार्य आज रात को ही पूरा हो जाना चाहिए। अच्छा गुलाब को बुलाओ।

गुलाब अभी घर से युनिट पहुँचा ही था कि कमांडेंट के बुलावे की सुचना पाकर कुछ असमंजस्ता में पड़ गया। वह सोचने लगा कि वह तो पाँच और जवानों के साथ आया है। इसका मतलब ऐलान के बाद यूनिट में भी देरी से नहीं आया। फिर क्या कारण हो सकता है कि उसे बुलाया गया है। खैर उसने वर्दी पहनी तथा आनन्-फानन में अपनी यूनिट पहुँच गया। वह स्लयूट मारकर कमांडेंट के कमरे में दाखिल हो गया।

कमांडरः गुलाब, हमने आपको एक बहुत ही खास मकसद को पूरा करने के लिए चुना है और यह काम आपको आज रात को ही पूरा करना होगा।

गुलाबः यह मेरी खुशकिस्मती होगी कि मैं अपने देश के लिए कुछ कर सकता हूँ। कहिए मेरे लिए क्या हुक्म है।

कमांडरः दुश्मन ने शायद अपनी चौकियों की पोजिशनें बदल ली हैं इसीलिए हमारे बम वर्षक जहाज उनका कोई नुकसान नहीं कर पा रहे हैं तथा नाकाम होते जा रहे हैं। जब तक उन्हें दुश्मनों के अड्डों की सही पोजिशनें नहीं मिल जाती, वे उनका सफाया नहीं कर सकते। अतः आज रात तुम्हें दुश्मनों की चौकियों की नई पोजिशनों का पता करना है।

गुलाबः ठीक है सर।

कमांडरः अब बैरेक में जाकर अपना सारा जरूरी सामान तैयार करलो। मैं ठीक सात बजे तुम्हारे पास एक जीप भेज दूँगा वह तुम्हें एयरपोर्ट छोड़ आएगी। वहाँ पर जहाज का पायलट आपको आगे की सारी कार्यवाही से अवगत करा देगा कि आपको कैसे क्या करना है। ध्यान रहे अपना काम बड़ी मुस्तैदी तथा होशियारी से करना।

गुलाबः आप बेफिक्र रहें सर।

कमांडरः (जहाज के पायलट से) आज शाम जब अंधेरा होने लगे तो आप गुलाब को उसके जरूरी सामान के साथ उड़ान भरनी है। आपको मन्दिर वाली पहाड़ी के साथ साथ उड़ते हुए चिनाब नदी को पार करना है। इस पहाड़ी के पीछे एक समतल मैदान है जो घने जंगल से ढका हुआ है परंतु यह पाकिस्तान के बार्डर पर है। आपको नीची उड़ाने भरते हुए उस जंगल के उपर पहुँच कर गुलाब को वहाँ ड्रॉप करना है।

आप गुलाब के ट्रांसमिटर से अपना रिसीवर सैट कर लेना। रात को जब गुलाब का काम समाप्त हो जाएगा तो वह आपको सिग्नल भेज देगा तब उसको वहाँ से वापिस लेकर आना है।

पायलटः राईट सर।

कमांडरः (पायलट और गुलाब से) ओ. के. विस यू आल द बैस्ट। सी यू टूमॉरो। थैंक यू।

VI

गुलाब का घर

शालूः (अपनी सास से) माता जी आपने मेरी छोटी बहन तो देखी होगी?

सासः कौन सी?

शालूः मेरी एक ही तो छोटी बहन है, माला।

सासः (अपने दिमाग पर कुछ जोर देते हुए) हाँ देखी है। पर क्यों?

शालूः मेरे पिता जी कह रहे थे कि छोटे लाला जी (गुलाब) के रिश्ते के लिये उसकी बात चलाऊँ।

सासः लडकी तो अच्छी है। रंग, रूप, कद, सेहत तथा काम करने में पूरी दक्ष है। दोनों की जोड़ी भी ठीक बैठती है। अच्छा रात को जब तेरे पिता जी (ससुर) दुकान बन्द करके आएंगे तो मैं उनसे बात करूंगी।

सास (लीलावती): (रात को अपने पति नारायण से) आपकी बहू

(शालू) पूछ रही थी कि हमारे गुलाब के लिए उसकी छोटी बहन माला कैसी रहेगी?

नारायणः भई मैंने तो कभी ध्यान नहीं दिया कि माला कौन है? कैसी दिखती है?

लीलावतीः मैंने देखा है। माला हर प्रकार से हमारे गुलाब के लायक है। सुन्दर है, सुशील है, कमेरी है और कद-काठी में भी हमारे लड़के से मेल खाती है।

नारायणः जब तुम्हें पसन्द है तो ठीक है। मुझे भी कोई ऐतराज नहीं है। फिर भी अपने बड़े लड़के शिव से एक बार राय लेना ठीक रहेगा।

लीलावतीः ठीक है कल उसके भी विचार जान लेंगे।

अगली सुबहः नाश्ते के बाद

नारायणः बेटा शिव, तुम्हारा छोटा भाई गुलाब की नौकरी पर तो लगा ही है। उसकी उम्र भी अब शादी लायक है। उसके लिए एक अच्छा रिश्ता भी आया है। उसकी शादी के बारे में तुम्हारा क्या विचार है?

शिवः पिता जी रिश्ता कहाँ से आया है?

नारायणः डिबाई से। हमारी बहू शालू की छोटी बहन माला का।

यह सुनकर शिव कुछ सोचने लगता है। वह जवाब नहीं देता।

नारायणः क्यों किस सोच में पड़ गए?

शिवः पिता जी वैसे तो लड़की हर मायने में हमारे गुलाब के अनुकूल है परंतु मेरे विचार से एक घर से दो बहूएँ लेना ठीक नहीं रहता। आगे आपकी मर्जी। वैसे गुलाब भी अभी यहाँ नहीं है। हमारे देश का पाकिस्तान से युद्ध चल रहा है। अतः गुलाब को घर आने में न जाने कितने दिन लग जाएँ। जब वह आ जाएगा तो उसकी इच्छा भी जान लेंगे। इसलिए तब तक इस बारे में कोई बात न की जाए तो अच्छा रहेगा।

नारायणः (अपनी पत्नि से) शिव ठीक कहता है। इस बारे में गुलाब की मर्जी जान लेना भी जरूरी है। अतः जब तक गुलाब घर न आ जाए तब तक कोई आश्वासन नहीं दिया जा सकता।

अपनी ससुराल वालों की तरफ से सारी स्थिति जान लेने के बाद शालू ने अपने पिता जी को पत्र लिखकर उनको भी सारी बातों से अवगत करा दिया।

पूज्य पिता जी,

सादर प्रणाम। अत्र कुशलम् तत्रास्तु। आपके कहे अनुसार मैंने माला के रिश्ते के बारे में बात छेड़ी थी। इन सबकी राय यही है कि गुलाब के आने से पहले कोई बात नहीं की जा सकती। आप तो जानते ही हैं कि भारत-पाकिस्तान युद्ध चल रहा है तथा सभी फौजियों को अपनी-अपनी यूनिटों में रहना आवश्यक हैं। इसलिए लाला जी (गुलाब) के घर आने का अभी कोई निश्चित नहीं है क्योंकि न जाने यह लड़ाई कितने दिनों तक चलेगी। हालाँकि मुझे पूरा यकीन है कि लाला जी माला से अपने रिश्ते को कभी भी मना नहीं करेंगे फिर भी मुझे अपने जेठजी की तरफ से इसमें थोड़ी अड़चन पड़ने की आशंका लगती है। क्योंकि मैंने उनको कहते सुना है कि एक घर से दो बहूओं का होना ठीक नहीं रहता। अतः मेरे विचार से आप माला के रिश्ते के लिए दूसरी जगहों से भी कोशिश करते रहना। अगर बात बन जाती है तो ठीक है अन्यथा लाला जी के आने के बाद यहाँ बात कर ली जाएगी।

आपकी पुत्री

शालू

अपनी बहन के लिखे गये पत्र का मजबून जब माला को पता चलता है तो वह बहुत उदास तथा गमगीन हो जाती है। अपने व्यथित मन को कुछ सहारा देने के लिए वह विरह का एक गाना गाने लगती है।

छोड़-गये बालम मुझे हाय अकेला छोड़-गए।

माला की इस उदासीनता, गमगीनता तथा विरह की तड़पन को उसकी बचपन की सहेली तथा भतीजी संतो ने भाँप लिया। संतो, माला की हम उम्र थी इसीलिए वह माला की भतीजी होते हुए भी उसकी पक्की सहेली थी। आज माला के इस रूप को देखकर संतो हैरान थी क्योंकि वह उसके इस कारनामें से अभी तक अनभिज्ञ थी। वह सोच रही थी कि

ऐसा वह कौन-सा समय था जब वह माला से अलग रही हो। वे तो दोनों उठती साथ थी, खाती साथ थी। यहाँ तक कि नहाती भी साथ ही साथ थी। फिर भला माला किसी के प्रेमपास में कब बंध गई। वह खड़ी-खड़ी सोचती रही तथा माला की निष्प्राण जैसी एकाग्रता को बहुत देर तक निहारती रही। आखिर उससे जब रहा न गया तो उसने चुपचाप माला के पीछे आकर उसकी तंद्रा तोडने की सोची। अतः वह अपने दोनों हाथों से माला की आँखे बन्द कर लेती है।

मालाः (चौंककर) कौन?

संतोः लगता है कहीं दिल लगा बैठी है।

संतो के केवल इतना कहने भर से ही माला के सब्र का बांध टूट गया। वह अचानक संतो से चिपट कर सुबक-सुबक कर रोने लगी। थोड़ी देर तक संतो उसको ढांढस देती रही और जब माला कुछ सम्भली तो उसने उससे बडे प्यार से पूछा, "अच्छा बताओ क्या बात है जो इतना सुबक रही हो?"

मालाः आज देहली से शालू बहन जी का पत्र आया है।

संतोः क्यों उनकी ससुराल में ऐसा क्या हो गया जो तुम इतनी परेशान हो?

मालाः न उनकी ससुराल में कुछ हुआ है न उन्हें कुछ हुआ है।

संतोः तो फिर तुम क्यों इतनी गमगीन दिख रही हो?

मालाः तू नहीं जानती बात ही कुछ ऐसी है।

संतोः (कुछ ऐसे अन्दाज में जैसे कह रही हो कि माला मैं तेरी रग-रग से वाकिफ हूँ, तो भला वह कौन-सी बात हो सकती है जिसे मैं नहीं जानती) अच्छा बता तो सही कि वह क्या बात है, बुआ जी ने पत्र में क्या लिखा है?

मालाः यही कि उनके छोटे देवर का अभी कुछ पता नहीं कि वे कब तक छुट्टियों पर घर आएंगे। क्योंकि भारत पाकिस्तान युद्ध चल रहा है तथा कुछ पता नहीं कब समाप्त होगा।

संतोः तो तुम्हें इससे क्या फर्क पडता है? तुम्हारी जान क्यों निकली जा रही है?

मालाः इसीलिए तो मैंने कहा था कि तू इस बात को नहीं समझेगी?

संतोः समझ गई, सब अच्छी तरह समझ गई कि वो महाशय जी कौन हैं जो अपना इंतजार करवा कर हमारी बुआ जी को इतना सता रहे हैं।

मालाः तुझे मजाक सूझ रही है और मेरी जान निकल रही है।

संतोः कहते हैं इंतजार में जो मजा है इकरार में नहीं। तो मजा लेती रहो जब तक लेने को मिल रहा है।

मालाः तभी तो मैं कह रही थी कि तू कुछ नहीं जानती। अरी बुद्दू मेरी बहन ने लिखा है कि वहाँ रिश्ते की बात अभी नहीं हो सकती जब तक गुलाब घर न आ जाए। अतः इस बीच अगर यहाँ किसी से बात बन जाती है तो वह पक्का करलो। (रोने लगती है)

संतोः (कुछ दर्द भरी आवाज में) इन रिश्तों के बारे में हम तुम कर भी क्या सकती हैं। जहाँ माँ-बाप ठीक समझे हमें वहाँ बंधना ही पड़ता है।

मालाः तुम नहीं जानती संतो कि वे कितने भोले, सज्जन, सुशील, गुणी तथा लंगोट के पक्के हैं। मैं उन्हें खोना नहीं चाहती। संतो क्या तू जानती है कि मेरी मुलाकात उनसे कैसे हुई तथा फिर यह कोशिश इस हद तक कैसे पहूंची? शायद नहीं। तो सुन मैं तुझे आज अपने तथा उनके मिलन की पूरी दस्तान सुनाती हूँ। जिससे मेरे दिल का बोझ कुछ हल्का हो जाए। इसके बाद माला वह सब वर्णन करने लगती है कि कैसे उसने गुलाब को गलत समझा था। वह अपने भाई के साथ पहली बार हमारे घर आया था। फिर कर्णवास पर आमोद-प्रमोद के गंगा चढ़ाने के बाद कैसे वे सबसे अलग गंगा किनारे पेड़ों के एक झुरमुट के नीचे बैठे बातें करते रहे और कैसे कछुओं से डरकर वह गुलाब से लिपट गई थी। उस समय का मेरा यह लगाव न जाने कब उनके प्रति मेरे भाई साहब की शादी के समय प्यार में तबदील हो गया। मैं अनजाने में अपने आप को उनको समर्पित...।

माला अभी अपने मन की पूरी व्यथा निकाल नहीं पाई थी कि संतो के पिताजी की आवाज ने उसकी बातों पर विराम लगा दिया। संतो माला को उसकी उदासीनता तथा तड़प के साथ खुद समझौता करने के लिये छोड़कर अपने पिताजी के साथ अपने घर चली गई। अतः गुलाब की माला के साथ मुलाकातों को संतो का ज्ञान अधूरा ही रह गया। जैसे कहते हैं कि जब अभिमन्यू सुभद्रा के गर्भ में था तो अर्जुन उसे (सुभद्रा को) कौरवों द्वरा रचित चक्रव्यूह में घुसने का रास्ता समझा रहे थे परंतु जब अर्जुन ने चक्रव्यूह से बाहर निकलने के रास्ते के बारे में बताना शुरू किया तो सुभद्रा को नींद आ गई। इसलिए गर्भ में पल रहे अभिमन्यू को इसका ज्ञान न हो सका तथा महाभारत के युद्ध में उसे अपनी जान गवानीं पड़ी थी।

VII

अपने लक्ष्य को ध्यान में रखते हुए बहुत ही खुफिया तरीके से जम्मू के हवाई अड्डे से रात के बारह बजे एक हेलिकोप्टर ने उड़ान भरी। इसमें पायलटों के अलावा केवल कार्पोरल गुलाब सिंह गुप्ता अपने जरूरी सामान के साथ सवार था। हेलिकोप्टर नीची उड़ान भरता हुआ चिनाब नदी को पार कर गया। सामने ऊंची पहाड़ी थी अतः हेलिकोप्टर ने अपने को दुश्मनों की नजरों से बचाते हुए पहाड़ी का चक्कर लगाना शुरू कर दिया। पहाड़ी के दूसरी तरफ एक घना जंगल शुरू हो गया था। यहीं से पाकिस्तान की सीमा शुरू हो जाती थी। हेलिकोप्टर ने गुलाब को इसी घने जंगल में उतार दिया तथा वापिस आ गया। उतरते ही गुलाब ने एक उपयुक्त स्थान खोज कर अपना यंत्र जमाया तथा काम शुरू कर दिया। लगभग दो घंटे की तल्लीनता, मुस्तैदी तथा अपने अथक प्रयासो से वह पाकिस्तान की सभी नई चौकियों की स्थिति की जानकारी हासिल करने में सफल हो गया। अपना काम समाप्त करके उसने पायलट को सन्देशा भेज दिया जिससे हेलिकोप्टर आकर गुलाब को वापिस ले गया।

कमांडरः (यूनिट में अगले दिन सुबह) कार्पोरल गुप्ता, क्या काम पूरा हुआ?

गुलाबः हाँ, श्री मान जी। काम पूरा हो गया।

कमांडरः वैरी गुड। दिखाओ।

गुलाब ने अपने द्वारा बनाये गये नक्शे को कमांडर की मेज पर बिछा दिया। इसके बाद कमांडर के कहने पर उसने उसके बारे में विस्तार से समझाना शुरू किया।

सर, जम्मु की तरफ से चिनाब नदी पार करते ही हमारे सामने एक ऊंचा पहाड़ आता है। उसकी बाँई ओर से चलते हुए जब हम पहाड़ी के दूसरी तरफ पहुँच जाते हैं तो वहाँ एक बहुत घना जंगल आ जाता है। इस जंगल के शुरू होते ही पाकिस्तान की सीमा प्रारम्भ हो जाती है। यहीं से मैंने उनकी चौकियों की स्थिति का पता किया है। जैसा पहाड़ चिनाब नदी के पार है वैसी ही पहाड़ की एक श्रृंखला उस बिहड़ जंगल के पार है जो पाकिस्तान में है। इस पहाड़ की श्रृंखला में पाकिस्तान की तीन चौकियाँ स्थापित हैं। सर देखिये उनकी यह दाँए हाथ वाली चौकी जो हमारी सबसे बड़ी चौकी "ध्रुव तारा" है उसके ठीक 3 डिग्री दाऐं पर स्थित है। उसकी समुंद्र तल से ऊंचाई 2400 फीट है। और सर, उनकी बीच वाली चौकी हमारी ध्रुव तारा के ठीक सामने है परंतु उसकी ऊँचाई हमारी चौकी से 500 फीट ऊँची है। उनकी तीसरी चौकी 39 डिग्री बाएं को है। यह चौकी पहाड़ में एक अर्ध गोलाकार कटाव की ढलान पर है। उनकी यह चौकी हमारे देश की खुफिया जानकारी लेने के लिए बहुत ही अहम भुमिका निभाती होगी। क्योंकि इस चौकी से हमारे द्वारा पहाड़ को पार करने का कोई भी कदम आसानी से देखा जा सकता है। यही नहीं, यह चौकी हमारे मैदानी इलाके की भी दूर तक निगरानी रखी जाती है। यह 2700 फीट की ऊंचाई पर स्थित है।

कमांडर ने सब कुछ अच्छी तरह समझ कर एक प्लान बनाया तथा सभी पायलटों को सम्बोधित करने लगा। आप सभी अच्छी तरह से जान लो कि दुश्मन की नई चौकियाँ किन-किन स्थानों पर स्थित हैं, कितनी

ऊँचाई पर तथा हमारी ध्रुव तारा चौकी से कितनी डिग्रीयों पर हैं। हांलाकि हमारे मार्ग दर्शक ए.टी.सी से सम्पर्क करके समय-समय पर आपको रास्ता बताते रहेंगे फिर भी आपकी पहले से रही जानकारी आपको बहुत सहायक सिद्ध हो सकती है। हम आज रात को ठीक बारह बजे उड़ान भरेंगे तथा कार्पोरल गुलाब सिंह गुप्ता द्वारा अपने नक्शे में दर्शाए गए स्थानों को अपना निशाना बनाएँगे। किसी को कोई शक?

सभी पायलटः नो सर।

कमांडरः तो अब आप सब जाओ तथा अपने-अपने जहाजों का मुआमना करके तैयार रहो।

सभी पायलटः ओ. के. सर।

कमांडरः (जाते हुए पायलटों से) रात के ठीक बारह बजे। तब तक के लिये अल विदा।

भारत-पाकिस्तान युद्ध काफी दिनों तक चलता रहा। फौज के किसी भी फौजी को युद्ध के अलावा और कुछ सोचने की फुर्सत ही नहीं थी। सभी चौबीसों घंटे कार्यरत रहते थे। घर के समाचारों को मिले भी कई-कई दिन बीत जाते थे। इसी प्रकार फौजी भी अपनी कुशलता का समाचार मुशकिल से ही भेज पाते थे।

VIII

गुलाब का कई दिनों तक कोई समाचार न पाकर माला के घर वालों ने उसकी ओर से असमंजस्ता के रहते माला का रिश्ता उत्तर प्रदेश के बुलन्दशहर में पक्का कर दिया।

लड़का सुन्दर, सुडौल तथा पढ़ा लिखा इंजिनियर था। उनकी शादी की तारीख भी जल्दी तय हो गई।

मालाः (अपने दिल को दर्द जाहिर करते हुए) संतो मैं क्या करुं?

संतोः चुपचाप सहन करना पड़ेगा।

मालाः वे क्या समझेंगे?

संतोः हमारा समाज ही ऐसा है। लड़की को अपने माता पिता की

मर्जी अनुसार चलना पडता है। हमारी व्यथा तो यही है कि इस बारे में हम अपना मुहँ नहीं खोल सकतीं।

मालाः उनका पता भी तो नहीं है कि वे आजकल कहाँ पर तैनात हैं। युद्ध जोरों से चल रहा है। पता नहीं कब खत्म होगा, (रोते हुए संतों से चिपट कर) मैं क्या करुं संतो?

संतोः धैर्य रखो। भगवान को शायद यही मंजूर है। उनको अब भुलने की कोशिश करो।

मालाः (तड़प कर) ऐसा नहीं हो सकता संतो। वे मेरे दिल में, दिमाग में तथा रोम-रोम में ऐसे रम गये हैं जैसे शरीर में खून। अब वे मेरे दिल से निकल नहीं सकते।

संतोः भुलने के अलावा दूसरा रास्ता भी तो कोई नजर नहीं आता।

मालाः (रोते-रोते) संतो मेरा एक काम करोगी?

संतोः क्या?

मालाः मैं तो शायद अब उनसे कभी न मिल जाऊँ। अगर वे कभी तुझे मिलें तो उन्हें सारी स्थिति समझा कर उनसे मेरी तरफ से माफी मांग लेना।

माला की बात सुनकर संतो के सारे शरीर में झुरझुरी-सी दौड़ गई। किसी जवान लड़के से बात करना तो दूर वह उसकी परछाई से भी बचती आई है। फिर भी समय की नाजुकता को समझते हुए उसने माला द्वारा कहे काम करने की हामी भर दी।

देखते ही देखते माला की शादी होने का दिन भी आ गया। माला के घर के द्वारा पर बारात आने का शोर मचाता है। सभी घर की औरतें बच्चे तथा मोहल्ले पड़ोस के लोग उतावले होकर गली में दूल्हे को देखने उमड़ पडते हैं। बारात गाजे-बाजे के साथ आ रही थी। आतिश बाँजी भी चल रही थी। सब खुश नजर आ रहे थे। मगर माला का दिल जल रहा था।

दूसरी ओर इन सब बातों से अनभिज्ञ गुलाब राडार की ट्यूब पर बैठा बम वर्षकों को उनकी बमबारी करने की सही पोजिशन समझा रहा था।

दुश्मनों के अड्डों पर अचूक निशाना लगने से सभी खुशी मनाते हैं। दुश्मनों के खेमों में चारों ओर आग ही आग लगी दिखाई देती है।

सभी रस्मों रिवाज के सुचारू रूप से सम्पन्न होने के बाद माला ससुराल के लिए विदा कर दी जाती है। उसकी सुहागरात मनती है तथा सब शांत हो जाता है।

युद्ध में भारत की जीत होती है। भारतीय फौजों द्वारा जीते गये भू भाग पर तिरंगा झंड़ा फहरा दिया जाता है। युद्ध समाप्ती की घोषणा कर दी जाती है। सब शांत हो जाता है। भारतवर्ष की इस युद्ध में जीत का श्रेय गुलाब द्वारा की गई दुशमनों की नई चौकियों की बिल्कुल सही स्थिति को दिया जाता है। अतः उसे वीरता के पदक से सम्मानित किया जाता है। देश के सभी समाचार पत्रों द्वारा गुलाब की भूरी-भूरी प्रशंसा की जाती है।

युद्ध की समाप्ती के बाद गुलाब छुट्टियों पर अपने घर के लिए चलता है। रास्ते में वह न जाने क्या-क्या सोचता रहा। कितने ही प्रकार के विचार बनाता रहा कि किससे किस तरह से मिलना हैं, कहाँ-कहाँ जाना है। कितने दिन कहाँ रूकना है। बीच-बीच में वह अपने बैग को बड़े प्यार से सहलाता रहता था जैसे उसने उसमें कोई बड़ी ही कोमल तथा प्यारी वस्तु रख रखी हो। इस दौरान उसके हाव भाव भी ऐसे दिखने लगते थे जैसे कि वह किसी की याद में आत्मविभोर हो गया हो। खैर अपने मन में हजारों तरह के ताने-बाने बुनते हुए वह अपने घर पहुँच गया।

घर के सभी सदस्य नाश्ते के लिए आंगन में मेज के चारों तरफ बैठे थे। गुलाब ने अन्दर आकर अपने माता-पिता के पैर छुए ही थे कि उसकी छोटी बहनों ने भईया आ गये भईया आ गये का शोर मचाते हुए उसका बैग उससे छीन लिया।

कोमलः (बैग को खोलते हुए) मेरे लिए क्या लाए हो भईया?

आत्माः (बैग में झांकते हुए) और मेरे लिए क्या......?

माँः अरे तुम्हारा भाई इतनी दूर से आया है पहले उससे चाय पानी को तो पूछ लो। तुम तो आते ही उसके बैग के पीछे ऐसे पड़ गई जैसे

तुम्हारे पास कुछ है ही नहीं। तुम इतना भी नहीं सोचती कि जब तुम्हारा भाई वहाँ रहते हुए भी तुम्हारे लिए कुछ न कुछ भेजता ही रहता है तो अपने साथ तो जरूर लाया होगा।

पिताः अरे तुम क्यों इतना नाराज हो रही हो। भैया के आने की खुशी के साथ-साथ अपने लिए लाए गये तोफे को देखने की लालसा में बच्चे ऐसा ही करते हैं।

गुलाब ने अपनी बहनों से बैग लेकर उसमें से सामान निकाल कर देना शुरु किया।

पिता जी के लिए गर्म जैकेट।

माँ के लिए ऊनी शाल।

बहनों के लिए शूट के कपड़े।

तीनों भाईयों के लिए स्वेटर।

भाभियों के लिए साड़ियाँ।

गुलाब की बड़ी तथा छोटी भाभियाँ अपने पीहर गई हुई थी। उसकी शालू भाभी जी रसोई में सबके लिए नाश्ते का प्रबंध कर रही थी। इसलिए गुलाब एक साड़ी लेकर वहीं चला गया।

''लो भाभी जी।''

''यह क्या? इसकी क्या जरूरत थी? इतना खर्च मत किया करो। कुछ अपने पास भी बचा कर रखो। अब तुम्हारी शादी होने वाली है। पैसों की जरूरत पड़ेगी।''

''बस भाभी जी बस! लगता है आपने पैसे की अहमियत पर डिप्लोमा कर रखा है। तभी तो इतना अच्छा खासा लैक्चर दे दिया। (थोड़ा शरमा कर) अच्छा भाभी जी अब आपका पीहर जाना कब होगा?''

गुलाब की बात का आशय समझते हुए परंतु बनते हुए, ''क्यों लाला जी क्या बात है? आते ही हमारी छुट्टी क्यों करवाना चाहते हो?''

''नहीं भाभी जी ऐसी बात नहीं है। मैं तो बस यूँ ही पूछ रहा था। वैसे आपको अपने घर गये काफी दिन हो गए क्योंकि आपके चेहरे पर

वह नूर नहीं दिख रहा, जो एक लड़की के चेहरे पर उसके पीहर से लौटने पर रहता है।''

''लाला जी ऐसी बात नहीं है। मैं तो अभी 15 दिन पहले ही डिबाई से आई हूँ।''

''तो फिर आप ऐसी मुरझाई-सी क्यों दिख रही हो?''

भाभीः (थोड़ा सिरीयस होकर) लाला जी असल में बात यह है कि...।

गुलाब को किसी आशंका ने आ घेरा। वह असल में क्या को जानने के लिए उतावला हो गया। अतः अपनी भाभी जी से बोला, ''असल में क्या भाभी जी? बोलो न। चुप क्यों हो गई?''

''माला की शादी हो चुकी है'', भाभी ने धीरे से कहा।

अपनी भाभी जी के शब्द सुनकर गुलाब पर जैसे एकदम पहाड़ सा टूट पड़ा। उसने बिना कुछ बोले अपना बैग उठाया तथा अपने कमरे की और बढ़ गया। उसे अपने कमरे की ओर जाता देख उसकी माँ ने कहा, ''अरे बेटा नाशता तो कर ले।''

गुलाब ने चलते-चलते ही माँ को जवाब दिया कि वह अभी बहुत थका हुआ है। थोड़ी देर सोने के बाद उठकर तथा नहाने-धोने के बाद ही वह कुछ खाएगा।

गुलाब की भूख, प्यास, चैन तथा नींद उड़ चुकी थी। उसने कमरे में आकर अपना बैग खोला। बैग के कोने में हाथ ड़ालकर सुन्दर से दो कंगन निकाले तथा उन्हें बहुत देर तक निहारता रहा। वह दिल में बड़े अरमान लिए आया था कि उन कंगनों को अपनी भाभी जी के हाथों माला के लिए भिजवाएगा। परंतु उसकी सोच के महल तो धराशाही हो चुके थे। खंडरों का आभास करते-करते उसकी आँखों से दो मोती टपक गए। एक बार गुलाब के मन में आया कि वह उन कंगनों को खिड़की से बाहर फैंक दे परंतु न जाने क्या सोचकर उसने ऐसा नहीं किया तथा उन कंगनों को अपनी छाती पर रखकर बिस्तर पर लेट गया। विचारों के ताने-बाने

बुनते-बुनते न जाने उसे कब नींद आ गई तथा वह माला के सपनों में खो गया।

IX

गुलाब कमरे में प्रवेश करते हुए अपनी भाभी जी (शालू) को एक अटैची में कपड़े लगाते हुए देखकर, "भाभी जी कहाँ की तैयारी हो रही हैं?"

"कहीं की भी नहीं।"

"मुझे तो लगता है पीहर जाने का विचार बन रहा है।"

"आपने कैसे जाना?"

"आपके चेहरे की आभा देखकर।"

"अगर मैं कहूँ कि नहीं तो?"

"तो कुछ नहीं।"

गुलाब अपनी भाभी जी की ना सुनकर थोड़ा उदास-सा हो जाता है। भाभी उसकी मनोदशा समझकर एकदम से दूसरा प्रश्न कर देती है, "लाला जी अगर मैं कहूँ कि हाँ तो?"

भाभी के मुख से हाँ सुनकर गुलाब का चेहरा खिल उठा। फिर भी उसने अपनी खुशी छिपाते हुए इस बार भी यही कहा, "कुछ नहीं।"

ऐसे भी कुछ नहीं, वैसे भी कुछ नहीं, तो फिर पूछ क्यों रहे हो? भाभी ने जानना चाहा।

गुलाब को आखिर अपने मन का राज खोलना ही पड़ा। असल में बात यह है कि मैं देवलाली से सभी घर वालों के लिए कुछ न कुछ लाया था। (कुछ झिझकते हुए)

"मा...ला...के लिए भी यह...।"

भाभी ने चुटकी ली, "माला कब से इस घर की सदस्य हो गई?"

गुलाब ने बगलें झाँकते हुए तथा कुछ संकुचाते हुए केवल इतना ही कहा, "भाभी जी ऐसी कोई बात नहीं है मैं तो बस यूँ ही ले आया था।

"अच्छा ठीक है, दिखाओ क्या लाए हो?"

गुलाब एक छोटा सा बन्द पैकेट अपनी भाभी जी के हाथ में थमा देता है। शालू पहले तो उसे उलट-पलट कर देखती है फिर खोलने की कोशिश करती है। इस पर गुलाब उसे ऐसा करने से मना करता है तथा मिन्नत करने के लहजे के तौर से हिदायत देता है कि केवल माला ही उसे खोले।

भाभी ने भी अपने देवर को झकाने के लिए मजाक के तौर पर कह दिया, "ना जी ना यह काम हमसे नहीं होगा।"

"मेरी अच्छी भाभी जी मैं आपके पैर.....", गुलाब अपनी भाभी जी की तरफ अपने कदम बढ़ाता है।

भाभी अपने देवर से दूर होते हुए, "लाला जी यह क्या कर रहे हो? अच्छा देखो हम आपका यह काम तो कर नहीं सकते अलबत्ता अगर आप चाहो तो आपको अपने साथ डिबाई अवशय ले जा सकते हैं।"

अपनी भाभी जी की बात सुनकर गुलाब की बाछें खिल उठी। मन में सोचा नेकी और पूछ-पूछ। उसने, आव देखा न ताव, आगे बढ़ कर अपनी भाभी जी को दोनों बाहों में उठा कर आत्म विभोर होकर नाचने लगा।

अचानक उसके कमरे के दरवाजे पर होने वाली दस्तक ने गुलाब की तंद्रा तोड़ी। उसने देखा कि वह अपनी बाहों में एक मुसन्द को जोर से जकड़े हुए था। अपनी हालत देखकर, दिल में पीड़ा का एहसास होते हुए भी, वह मुस्कराए बिना न रह सका।

दोबारा दरवाजे के उपर दस्तक को सुनकर उसने पूछा, "कौन है?"

"मैं हूँ आपकी भाभी। क्या अब सोते ही रहोगे? नाशता तो किया नहीं, अब दोपहर का खाना भी नहीं खाना क्या?"

गुलाब ने दरवाजा खोलकर जब बाहर देखा तो अचरच से बोला अरे दोपहर हो गई दिखती है। सामने खड़ी अपनी भाभी जी के चेहरे पर मन मोहक मुस्कान को देखकर उसके मन में इसके राज को जानने की इच्छा

प्रबल हुई तो उसने पूछ ही लिया, "भाभी जी क्या बात है, मन्द मन्द मुस्करा रही हो?"

"बात ही कुछ ऐसी है।"

"कैसी बात है या फिर मेरा दिल बहलाने को कर रही हो?"

"मैं आपको अपनी बहन तो न दिलवा सकी परंतु अगर आप चाहो तो अपनी भतीजी.....।"

गुलाब ने अपनी भाभी जी को बीच में ही टोककर तथा शिकायत भरे लहजे में कहा, "भाभी जी माला की शादी भी हो गई और आपने मुझे कोई खबर पहुँचाना भी मुनासिब नहीं समझा। आप तो सब कुछ जानती थी फिर भी आपने यह सब होने दिया। कम से कम एक बार मुझ से या माला से हमारे मन की बात तो पूछ लेती।"

"लाला जी पूछना क्या था। मैं तो आप दोनों के मन की दशा अच्छी तरह जानती थी परंतु हालातों के सामने मैं मजबूर थी।"

"कैसी मजबूरी?"

"लाला जी मैंने यहाँ आपके लिए माला की बात चलाई थी। मुझे पता चला कि इस घर के मर्द लोगों का एक ही मत था कि एक घर से दो बहुओं का होना अच्छा नहीं रहेगा। दूसरे आप युद्ध में व्यस्त थे। आपका न तो निश्चित पता था जिससे मैं आपको कुछ खबर करती। न यह पता था कि आप घर कब आ सकोगे। इधर माला के लिए उनको दूसरा लड़का भी ठीक ठाक मिल गया। अतः उसकी शादी कर दी। खैर अब जो हुआ सो हुआ, चलो बाकी बातें बाद में होंगी पहले खाना खा लो ठंडा हो रहा है।"

"भाभी जी बहुत सुस्ती चढ़ रही है। पहले नहाकर तरोताजा होना चाहता हूँ फिर खाना खाऊँगा कहता हुआ गुलाब अंगड़ाई लेता हुआ घुसलखाने में घुस गया।"

X

"अरे संतो की माँ।"

.................।

"सुनती हो।"

"आई जी। (बाथरूम से आवाज देते हुए) अभी नहा रही हूँ।"

थोड़ी देर बाद, "कहो जी क्या बात है। बताने को बड़े उतावले नजर आ रहे हो?"

"अरे अब यहाँ क्या नहा रही हो, अब तो तुम्हें गंगा ही नहलाऊँगा।

"ऐसी क्या बात हो गई ?

"हुई नहीं होने जा रही है।"

"अच्छा पहेली बुझाना छोड़ो और मतलब की बात करो। क्या बात है?"

"पता चला है कि लड़का छुट्टी पर आ रहा है। संतो के लिए बात करने जा रहा हूँ।"

"लो सुनो। आप तो ऐसे कह रहे हो जैसे शादी की तारीख ही पक्की कर आए।"

"पक्की ही समझो।"

"संतो के लिये पाँच छः लड़के तो देख चुके हो कोई भी पसन्द नहीं आया। अब यह ऐसा कौन है जो बिना देखे ही पसन्द आ गया है।"

"क्या तुमने डिबाई विजय की शादी में अपनी शालू का छोटा देवर देखा था?"

"मुझे तो कुछ याद नहीं।"

"अरे वही जो मिलिट्री में है।"

दिमाग पर कुछ जोर डालकर, "क्या वही तो नहीं जिसकी माला के साथ बात होने जा रही थी।"

"तुमने बिल्कुल सही अन्दाजा लगाया। माला की शादी तो अब हो गई है इसलिए क्यों न हम अपनी संतो के लिए वहाँ बात चलाएँ।"

"लड़का तो ठीक ही है परंतु हमारी संतो के हिसाब से लम्बा है। कहीं यही रूकावट का कारण न बन जाए।"

"इसकी चिंता मत करो। मुझे पूरा विश्वास है कि काम बन जाएगा।

दोनों हाथ जोड़कर, "भगवान करे ऐसा ही हो।"

गुलाब बाथरूम में नहाने के साथ-साथ विचारों में खो गया। वह दुःखी मन से सोचने लगा कि अब माला तो मिल नहीं सकती परंतु उसे भुलाया भी नहीं जा सकता तो फिर ऐसी क्या युक्ति निकाली जाए कि माला से यदाकदा मिलन होता रहे। इतने में उसकी नजर बाथरूम में लगे शीशे पर पड़ गई। शीशे में गुलाब को अपनी छाया सी उभरती नजर आयी। प्रतिबिम्ब के चेहरे पर मन्द-मन्द मुस्कान नजर आ रही थी। प्रतिबिम्ब ने कहा बरखुरदार आप बिल्कुल सही सोच रहे हो। अपनी भाभी जी की बात मान लो। उनकी भतीजी से शादी कर लो।

इस युक्ति को जानकर गुलाब का मन गदगद हो गया। उसने सोचा कि ऐसा करने से वाकई में ही उनके यहाँ या फिर हमारे यहाँ होने वाले हर टेहले ब्याह में हम दोनों का मिलन हमेशा होता रहेगा।

प्रतिबिम्ब ने गुलाब को सजग करते हुए तथा अपना रौब जमाते हुए कहा, "याद रहे अपनी पत्नि के साथ किसी प्रकार की ना-इंसाफी नहीं होनी चाहिए।"

"नहीं-नहीं, मैं किसी प्रकार की कोई ना-इंसाफी नहीं होने दूँगा।"

"तो तुम माला से कैसा रिश्ता रखोगे?"

"मैंने माला से सच्चा प्रेम किया है तथा करता रहूँगा।"

"इसका मतलब अपनी पत्नि से केवल शारीरिक सम्बन्ध ही रखोगे?"

"ऐसा नहीं है। मैं उसे भी उसका पूरा हक दूँगा। उसे मेरे से किसी प्रकार का कोई गिला शिकवा नहीं रहेगा।"

"यह सब कहने की बातें हैं। ऐसा कभी भी मुमकिन नहीं कि कोई दो औरतों को एक जैसा प्यार दे सके।"

गुलाब एक दृढ़ निश्चय के साथ, "पहला लगाव तथा प्रेम निश्छल प्रेम होता है और वह पूरी जिन्दगी के लिए हो जाता है। यह अमर प्रेम

किसी भी हालत में मन से निकाला नहीं जा सकता।"

"अगर तुम्हारी पत्नी को यह पता चल गया तो वह इसे सहन नहीं कर पाएगी। और तुम्हारी जिन्दगी नरक बन कर रह जाएगी।"

"मैं अपनी पत्नी को सब कुछ साफ-साफ बता दूँगा।"

"तुम बेवकूफ जैसी बातें कर रहे हो। इतना भी नहीं जानते कि एक पत्नि अपने पति को किसी दूसरी औरत से कोई भी सम्बंध रखने को सहन नहीं कर सकती। कभी नहीं।"

"मैं अपनी पत्नी को बड़े सरल भाव से समझाऊँगा कि वह......।"

प्रतिबिम्ब गुलाब की मुर्खता पर हँसते हुए; "एक पत्नि चाहे वह कितनी भी समझदार क्यों न हो अपने पति का प्यार किसी दूसरी औरत के साथ बाँटने को कभी भी राजी नहीं होगी।"

"मैं........।"

दरवाजा खटखटाने की आवाज ने गुलाब के विचारों की श्रृंखला को विराम दे दिया। उसकी भाभी शालू आवाज देकर खाने के लिए जल्दी आने को कह रही थी। वह जल्दी से सब काम निबटा कर तथा तैयार होकर खाने की मेज पर आकर बैठ जाता है। उसने खाना शुरू ही किया था कि दरवाजे की घंटी बजती है। गुलाब उठने की कोशिश कर ही रहा था कि उसकी भाभी ने दरवाजा खोल दिया।

शालू आगंतुक को देखकर जो उसके चचेरे भाई राम रतन थे, "नमस्ते भाई साहब जी, आईये।"

राम रतन अन्दर आकर गुलाब के सामने मेज के दूसरी तरफ बिछी कुर्सी पर बैठ जाते हैं। गुलाब उनसे नमस्ते करके अपना नाश्ता करने लगता है।

शालू अपने भाई राम रतन को पानी देते हुए, "भाई साहब घर में सब कुशल पूर्वक तो हैं

"हाँ वैसे तो सब कुशल मंगल से हैं केवल तुम्हारी भाभी ही ठीक नहीं रहती। उन्हें थकावट के कारण अकसर शरीर में हरारत के साथ-साथ

जोड़ों के दर्द की शिकायत बनी रहती है। दवाई देते रहते हैं। वैसे चिंता की कोई बात नहीं है।" (पानी पीते हैं)

"भाई साहब, खाने का समय है, खाना लगा दूँ या पहले कुछ ठंडा या गरम चलेगा?"

"नहीं-नहीं, कुछ नहीं।"

"भाई साहब पुराने ख्यालों को छोड़ो। अब तो लड़की की ससुराल में भी सब खाना पीना चलता है। फिर आप तो मेरे भाई हो।"

"सो तो ठीक है परंतु बड़ा भाई हूँ। और फिर जब तक निभा सकता हूँ तो क्यों न निभाऊँ।

गुलाब अब तक अपना नाश्ता समाप्त कर चुका था अतः राम रतन उसकी ओर मुखातिब होकर, "बेटा कब आए?"

"आज सुबह ही आया हूँ।"

"पाकिस्तान-भारत की जंग तो काफी दिन चली?"

"जी हाँ, शांति बहाल होते-होते लगभग तीन चार महीने लग गए।"

"क्या आप ऐसी लड़ाई में बन्दूक वगैरह से लैस होकर आगे जाकर लड़ते हो?"

"नहीं जी। हम अधिकतर अपनी सरहद के 20-25 किलो मीटर अन्दर ही रहते हैं।"

"तो फिर फौज में आपका क्या काम होता है?"

"हम रडार की ट्यूब पर अपने हवाई जहाजों की स्थिति देखकर उनको सही रास्ते की सूचना मुहैया करते हैं।"

"इसका मतलब आप लोगों को जंग के दौरान कोई खतरा नहीं होता?"

"जहाँ तक खतरे का सम्बंध है, व्यक्ति को खतरा कहाँ नहीं होता? अभी हम इस छत के नीचे बैठे हैं। मान लो अभी जोर का भूचाल आ जाए तो, बन जाएगा न खतरा?"

"सो तो ठीक है बेटा। फिर भी इस खतरे में और उस खतरे में बहुत

अंतर है। खैर छोड़ो इस मुद्दे को। बताओ कि कितने दिनों की छुट्टियाँ आए हो?"

"दस दिनों की।"

"आपकी माता जी कहाँ हैं?"

पीछे से शालू ने जवाब दिया, "वे पड़ोस में गई हैं।"

"कब आएगी?"

"बस आने वाली हैं।"

इतने में गुलाब की माता जी अन्दर दाखिल होती हैं। राम रतन उन्हें नमस्ते करता है। उत्तर में वे भी राम रतन का अभिवादन करते हुए एक खाली कुर्सी पर बैठ जाती हैं। गुलाब समय की नाजुकता को भाँपते हुए वहाँ से उठकर चला जाता है।

राम रतन शालू की सास की तरफ हाथ जोड़कर, "जी मैं आपके लड़के गुलाब के लिए आया हूँ।"

"क्या आपकी लड़की ब्याह लायक है?"

"जी हाँ। दसवीं पढ़ी है। सिलाई कढ़ाई का डिप्लोमा भी किया हुआ है।"

"देखो जी मुझे इन बातों से कोई लेना देना नहीं। मुझे तो केवल इतना भरोसा दिला दो कि आपकी लड़की का स्वभाव हमारी शालू जैसा है तथा चुल्हा सम्भालने में भी वैसी ही चतुर है जैसी शालू।"

"आप शालू से ही दरयाफ्त कर लो।"

"मुझे क्या दरयाफ्त करना है। आप क्या गलत कहोगे। मुझे तो बस घर चलाने वाली लड़की चाहिये। घर बिगाड़ने वाली नहीं। अब आप अपने अन्दर के मन से पूछकर खुद ही हाँ ना का जवाब दे दो। अगर आपके अनुसार आपकी लड़की मेरी कही बातों की कसौटी पर खरी उतरती है तो मुझे रिश्ता जोड़ने में कोई आपत्ति नहीं है। फिर भी गुलाब के पिता जी से बात करना जरूरी है।"

"सो तो ठीक है जी। मैं उनसे बात कर लेता हूँ। वे कहाँ मिलेंगे?"

शालू ने जवाब देते हुए बताया कि वे इस समय तो दुकान पर ही मिलेंगे। वैसे (घड़ी की ओर देखकर) उनके घर आने का समय हो गया है। अतः भाई साहब आप थोड़ी देर ओर यहीं इंतजार कर लो।

लाला नारायण (गुलाब के पिता जी) घर में प्रवेश करते हैं। राम रतन जी खड़े होकर उनका अभिवादन करते हुए अपने दोनों हाथ जोड़ते हैं।

बैठो-बैठो, नारायण खुद भी बैठते हुए, "लाला जी आप कब आए?"

"अभी कोई एक घंटा पहले।

"घर में सब कुशल पूर्वक तो हैं?

"भगवान की कृपा है जी।"

लीलावती, लाला नारायण की पत्नी, "जी, ये गुलाब के रिश्ते के लिए आए हैं।"

"अरे भाई लड़का इनका है फिर मेरे से क्या पूछना है।"

राम रतनः सो तो ठीक है जी। यह तो आपका बड़प्पन है जी। फिर भी अगर लड़के से भी उसकी मर्जी पूछ ली जाती तो बहुत बेहतर रहता।

लीलावतीः शालू जा अपने देवर की इच्छा पता करके इन्हें बता दे।

लीला राम रतन, लाला नारायण जी के बारे में सब कुछ जानते थे कि वे बहुत ही नेक, ईमानदार, दानी तथा सरल स्वभाव के व्यक्ति हैं। उन्हें किसी प्रकार का कोई लालच छू तक नहीं सका है। जब शालू ने आकर बताया कि आप बड़ों की हाँ में ही गुलाब की हाँ है तो राम रतन आगे बात बढ़ाने के लिए दुविधा में पड़ गए। थोड़ी देर तो उनकी समझ में न आया कि बात कहाँ से शुरू की जाए। फिर भी उनके समाज में प्रचलित प्रथा को ध्यान में रखते हुए परंतु राम नारायण जी के प्रति अपने आप में थोड़ी शर्मिन्दगी महसूस करते हुए उन्होंने यह पूछना उचित समझा कि, "आपकी कोई इच्छा या डिमांड हो तो बता दो?"

लाला नारायण की बजाय उनकी पत्नि ने ही जवाब दिया, "लाला जी आपने हमें शालू के विवाह के दौरान पहले भी परख रखा है। उससे ही अन्दाजा लगा लेना था कि हमारी क्या डिमांड, इच्छा या आकाक्षाएँ हो सकती है। वैसे आपकी शंका एवं चिंता को समाप्त करने के लिए बता

दूँ कि भगवान का दिया हमारे पास सब कुछ है। मैंने आपको पहले भी बताया था कि हमें तो लड़की पढ़ी लिखी, सुन्दर तथा सुशील चाहिए। वह घर में मिलती-जुलती सी हो तथा चौके चुल्हे का हर काम बखूबी जानती हो। बस इसी को आप हमारी तरफ से डिमांड, इच्छा या आकांक्षा कुछ भी मान लो।''

गुलाब की माता के वचन सुनकर राम रतन को बहुत दिनों के अथक प्रयास के बाद आज पहली बार महसूस हुआ कि यहाँ उनकी दिली इच्छा हर प्रकार से पूर्ण हो जाएगी। यह सोचकर उनका मन गदगद हो उठा। उनकी आँखों से खुशी के मोती टपकने वाले ही थे कि उन्होंने अपने आप को सम्भालते हुए प्रश्न किया, ''आप लड़की देखना कब तथा कहाँ पसन्द करोगे?''

लीलावती अपने घर में सलाह करके, ''हम लड़की देखनें अगले रविवार को आपके घर ग्वालियर ही आ जाएँगे। और हाँ अगर गुलाब को लड़की पसन्द आ गई तभी हमारी तरफ से रिस्ता पक्का समझो।''

राम रतन उठते हुए तथा हाथ जोड़कर, ''ठीक है जी अगले रविवार को मेरा लड़का आपको ग्वालियर स्टेशन पर ताज एक्सप्रैस के पहुँचने के समय पर मिल जाएगा। जिससे आपको हमारे घर पहुँचने में कोई दिक्कत नहीं होगी। अब मैं चलता हूँ।''

XI

मन में खुशी का अम्बार लिए राम रतन ने ग्वालियर अपने घर में घुसते ही अपनी पत्नी को आवाज लगाई, ''अजी सुनती हो?''

''बड़ी जल्दी आ गए, क्या रहा?''

''वही हुआ जिसका मुझे पक्का विश्वास था। (मिठाई का डिब्बा पकड़ाते हुए) लो मुँह मीठा करो और बच्चों का भी करा देना। वे संतो को देखने आ रहे हैं।''

''कब आ रहे हैं?''

''इसी रविवार को, ताज से आएगे।''

"बात पक्की हो गई है अतः शादी भी जल्दी ही करनी पड़ेगी।"

पत्नी कुछ असमंजस्ता से, "परंतु वे तो अभी देखने ही आ रहे हैं न?"

"अरे चिंता मत करो। उनके घराने को मैं अच्छी तरह से जानता हूँ। वे एक बार जिस लड़की को देखने जाते हैं तो फिर रिश्ता पक्का ही कर आते हैं। चाहे लड़की लड़के से 19 ही क्यों न हो। और हाँ इतना भी जान लो कि वे जबान के पक्के तो हैं ही इसके साथ-साथ अपने भाई बंधुओं द्वारा उनके बारे में दे दी गई जबान को भी वे कटने नहीं देते।"

"वो कैसे जी?"

"तो सुनो अपनी शालू के विवाह में तो हमने देख ही लिया था कि उनका व्यवहार कितना अच्छा था। पता है अनूपशहर में उनकी बारात के लोगों को जब नाश्ता दिया जा रहा था तो वहाँ ठंडे पानी की कमी हो गई थी। एक बाराती ने इस कमी के बारे में ज्यों ही ऊंची आवाज करनी चाही थी तो लाला जी ने उसे बुरी तरह डाँट कर चुप करा दिया तथा बिना कोई शिकायत किए अपने आप बर्फ की एक सिल्ली मंगा कर पानी में डलवा दी थी।"

अब मैं उनके बड़े लड़के की शादी के बारे में एक किस्सा सुनाता हूँ जो मुझे किसी से पता चला है।

नारायणा गाँव की घनी आबादी से दूर हटकर एक आलीशान बंगला है। बंगले के बाहर काले रंग की एक चमचमाती कार खड़ी है। बंगले के अन्दर भारी भरकम परंतु गठा हुआ शरीर वाला एक व्यक्ति, महेंद्र प्रताप गुप्ता, एक ऊँचे दिवान पर मसन्द के सहारे आधा लेटा हुआ है। उसके हाथ में हुक्के की नली है जिसमें वह कभी-कभी दम लगा लेता है। इसी समय दो तीन व्यक्ति आकर सामने बिछे हुए मुढढों पर बैठ जाते हैं। आगंतुकों में से एक हाथ जोड़कर महेंद्र प्रताप का अभिवादन करते हुए, "जीजा जी नमस्ते।"

महेंद्र प्रताप सीधा बैठते हुए तथा मुस्कान बिखेरते हुए, "आओ, आओ मुनीम जी, बैठो।"

वैसे तो मुनीम जी का नाम कृपा राम था परंतु दिल्ली के दरियागंज इलाके के एक प्रसिद्ध मुनीम जी होने की वजह से वे जगत प्रसिद्ध मुनीम जी बन चुके थे। अतः छोटा बड़ा सभी उन्हें मुनीम जी कहकर ही बुलाते थे।

"मुनीम जी घर तो सब कुशल मंगल से हैं?"

"हाँ जीजा जी सब कुशल पूर्वक हैं।"

"हीरा लाल, आपका बेटा, क्या कर रहा है?"

उसने टैक्सटाईल इंजिनियरिंग के डिग्री कोर्स में दाखिला ले लिया है।"

"कहाँ?"

"यहीं दिल्ली कालेज आफ इंजिनियरिंग में मिल गया है।"

"बहुत अच्छा। यह तो बहुत बढ़िया रहा। होनहार लड़का है। आगे चलकर बहुत तरक्की करेगा।"

"आपकी कृपा बनी रहनी चाहिए, जीजा जी।"

"क्या बातें करते हो मुनीम जी। हम क्या चीज हैं। कृपा दृष्टि तो उपर वाले की बनी रहनी चाहिए। उसी के हाथ में सब कुछ है। जिसकी चाहे पतंग उड़ा दे, जिसकी चाहे काट दे।"

"सो तो है जीजा जी परंतु फिर भी जीवन नैया सुचारू रूप से चलाने के लिए बड़ों का सहारा और आशिर्वाद भी तो बहुत आवश्यक होता है।"

"मुनीम जी मैं आपकी बातों से सहमत हूँ परंतु ये बताओ कि आज आपने सहारे की बात कहाँ से शुरू कर दी? जो व्यक्ति हमेशा से दूसरों का सहारा बनता आया हो आज उसे......?"

"चिंता की कोई बात नहीं है जीजा जी। मेरा इशारा तो अपनी बेटी प्रेम की ओर था। आप तो सब जानते हैं कि मैंने अपने दोनों बच्चों को उनकी मम्मी जी के मरने के बाद कैसे पाल पोस कर बड़ा किया है। उन्हें मम्मी-पापा की किसी प्रकार की कोई कमी महसूस न होने दी। अब बेटा इंजिनियरिंग कालेज में चला जाता है। मैं सुबह नौकरी पर चला जाता हूँ

अतः प्रेम घर पर अकेली रह जाती है। मुद्दा उसके अकेले रहने का नहीं है। परंतु उसकी शादी करने का है क्योंकि मेरे विचार से यह ठीक उम्र है शादी करने की।"

"अरे हाँ मुनीम जी! मेरा तो इस ओर ध्यान ही नहीं था। अच्छा बताओ कैसा लड़का चाहिए?"

"मैं आपको क्या बताऊँ कि कैसा चाहिए। आप से हजारों का वास्ता पड़ता है। आप खुद ही समझ लो। यह बात तो ठीक है परंतु..." (अचानक जैसे उन्हें कुछ याद आ गया हो)

"आप लाला नारायण को तो जानते होंगे?"

"वही लाला ठाकुर दास के लड़के जिनके रथ में बैठकर एक बार हम कालका देवी माँ के मन्दिर में गए थे।"

"हाँ हाँ वही नारायण। उन दिनों ठाकुर दास के उपर लक्ष्मी माँ की कृपा थी। परंतु उनके भाईयों ने धोखा-धड़ी से उन्हें मरवा कर सारा माल हड़प लिया। उस समय नारायण बहुत छोटा था कि कुछ समझ पाता। अतः शुरू-शुरू में तो नारायण को बहुत कष्टों का सामना करना पड़ा परंतु उसकी नेक नियत, ईमानदारी तथा मेहनत जल्दी ही रंग ले आई और उन्होंने आश्चर्य जनक उन्नति हासिल कर ली।"

"वे अब क्या करते हैं तथा उनका बेटा क्या करता है?"

"लाला नारायण का तो गाँव में ही किरयाने का काम है। इस समय हमारे इलाके में शायद सबसे अच्छा काम उन्हीं का है। उनका लड़का शिव गवर्नमैंट आफ इंडिया प्रैस-मिंटो रोड़ में कार्यरत है।"

"अगर आपकी निगाह में सब कुछ जंचता है तो बात चलाकर देख लेना।"

महेंद्र कुछ सोचकर, "बात क्या कर लेना। आप यहाँ आए तो हुए हो। नाश्ता वगैरह कर लो फिर मैं जाकर पता कर लूँगा। शुभ कार्य में देरी नहीं करनी चाहिये।"

बस्ती के बीचों बीच एक बहुत बड़ी हवेली खड़ी है। अन्दर लम्बा चौड़ा आंगन है। आंगन के एक कौने में लाला नारायण एक चारपाई पर

आराम कर रहे हैं। उन्होंने अभी अभी नाश्ता समाप्त किया है। नौकर बचा हुआ सामान वापिस ले जा रहा है। वह उससे कहता है, ''हरिया अब जरा हुक्का ताजा कर ला।''

''अच्छा लाला जी अभी लाया।''

''और सुन गाय पर धूप आ गई होगी उसे भी छाया में बाँध दे।''

''ठीक है लाला जी बाँध देता हूँ।''

इतने में महेंद्र प्रताप अन्दर दाखिल होकर, ''भाई साहब राम राम।''

नारायण ने मुड़कर देखा, ''आ भाई महेंद्र प्रताप बैठ। हमारा अहो भाग्य जो आज सुबह-सुबह आपके दर्शन हुए।''

''आज सुबह-सुबह लक्ष्मी की बात आई तो सोचा आपसे ही सलाह कर लूँ।

हुक्के की नली प्रताप की ओर बढ़ाते हुए, ''प्रताप, हम ठहरे अनपढ़ गंवार। भला हम आपको क्या सलाह दे सकते हैं।''

''ऐसा मत कहो भाई साहब। एक तो आप अनपढ़ गंवार नहीं। दूसरे मैं जो आज इस पोजीशन पर पहुंचा हूँ वह आपकी सलाह तथा रास्ता बताने का ही नतीजा है। बिना इसके मैं किसी काबिल नहीं था।''

''प्रताप भाई काम आपने किया, मेहनत आपने की, तो भगवान ने फल भी तुम्हें ही देना था। फिर भला केवल एक रास्ता सुझा देने से मेरा क्या सहयोग रहा?''

''प्रगति के पथ पर अग्रसर होने के लिए सही रास्ते का पता होना ही तो सफलता की सबसे बड़ी कुंजी होती है, भाई साहब।''

''अच्छा, अच्छा ठीक है। बातों में भला आप से कौन जीत सकता है। अब बताओ कैसे आना हुआ?''

''पहले यह बताओ कि अगर एक भाई दूसरे भाई के लिए अपने विश्वास पर किसी तीसरे व्यक्ति से कुछ तय कर लेता है तो दूसरे भाई का क्या फर्ज बनता है?''

''क्या मतलब, क्या बात है। प्रताप साफ-साफ कहो।''

"बात कुछ भी हो। पहले यह बताओ कि दूसरे भाई का क्या फर्ज बनता है?"

"अगर बात जायज हो तो दूसरे भाई को अपने भाई की इज्जत रखने के लिए तय की हुई बात मान लेनी चाहिए।"

नारायण का उत्तर सुनकर महेंद्र का मन बहुत खुश हुआ। उसने यह कहने में एक पल भी नहीं लगाई, "तो ठीक है, बात तय हो गई समझो।"

जब नारायण ने महेंद्र की बात पर कोई प्रतिक्रिया जाहिर नहीं की तो वह असमंजस्ता से नारायण के चेहरे के भाव समझने की कोशिश करने लगा। परंतु उनके सपाट मुख पर कोई प्रश्न चिन्ह न देखकर महेंद्र को खुद ही प्रश्न करना पड़ा, "पूछोगे नहीं कि क्या तय हो गया?"

"मुझे पूछने की क्या जरूरत है।"

"भाई साहब तय तो आपके लिए किया है।"

"जब तय कर ही लिया है तो फिर पूछने की क्या आवश्यकता रह जाती है। जो तय हो गया सो हो गया।"

महेंद्र बताने को आतुर होते हुए, "भाई साहब फिर भी.....।"

"देखो, महेंद्र जब तुमने तय किया था तो आपको एक दृढ़ विश्वास होगा कि मैं आपका किया हुआ फैसला कभी भी नहीं टाल सकता। इसके साथ-साथ आपने यह भी सोच समझ कर ही तय किया होगा कि जो आप कर रहे हैं उसमें किसी प्रकार की कोई त्रुटी नहीं रहनी चाहिए। अतः अब बातें छोड़कर मुझे तो केवल इतना हुक्म दो कि मुझे आगे क्या करना है।" "भाई साहब हुक्म का शब्द प्रयोग करके मुझे शर्मिन्दा न करें। असल में मैंने आपके बड़े लड़के शिव का रिश्ता अपने साले की लड़की "प्रेम" से तय कर दिया है।"

राम नारायण ने इस बार थोड़ा सोचा और कहा कि उसे इस रिश्ते में कोई आपत्ति नहीं है फिर भी प्रचलन के अनुसार लड़के की मंशा जान लेना जरूरी है।

उनकी इस अड़चन का समाधान भी अन्दर आती हुई उनकी पत्नी ने यह कहते हुए कर दिया कि उसने शिव से पता पर लिया है तथा वह कह रहा है कि वह अपने बड़ों की मर्जी और इच्छा के खिलाफ नहीं जाएगा।

"लो जी अब तो आपकी इस शंका का भी समाधान हो गया है। अतः लग्न व शादी की तिथि सुझवा कर बता देना।"

"भाई महेंद्र जब आपने इतने काम निपटा लिए हैं तो फिर इस काम को क्यों छोड़ते हो।

यह शुभ कार्य भी आपके हाथों सम्पन्न हो जाए तो सोने में सुहागा हो जाएगा।"

"ठीक है भाई साहब आप चिंता न करें मैं सब काम पूरे करा दूँगा परंतु (महेंद्र चुटकी लेते हुए) भाई साहब बारात तो आपको ही ले जानी पड़ेगी।"

नारायण ने भी हाजिर जवाबी झाड़ते हुए, "वो मैं जानता हूँ। बारात तो तुम किसी हालत में भी नहीं ले जाओगे। क्योंकि यह तो जगत प्रसिद्ध कहावत है कि, "गन्ने से गंडेरी मिठी ओर गुड़ से मीठा राला, भाई से भतीजा प्यारा ओर सबसे प्यारा साला। इसमें तो आप अपने साले का ही साथ दोगे।" (सभी उपस्थित लोग जोर का ठहाका लगाते हैं)

इस तरह अपने भाईयों के विश्वास पर ही नारायण जी ने बिना किसी प्रकार की कोई हुज्जत करते हुए तथा अपने भाईयों का मान रखते हुए अपने लड़के की शादी बड़ी धूमधाम से सम्पन्न कर दी। बारात के लोग ही नहीं बल्कि पूरी बिरादरी में उन्हीं के नाम का गुणगाण हो रहा था। ऐसे हैं नारायण जी। क्या अब भी तुम्हारे मन में कोई शंका है?"

"सो तो ठीक है फिर भी मुझे तो अपनी संतो की लम्बाई पर.....।"

"अजी छोड़ो अपनी शंका को, सब कुछ ईश्वर पर छोड़ दो, और उनके आवभगत की तैयारी शुरू कर दो।"

XII

संतो साथ वाले कमरे में बैठी अपने माता-पिता जी के वार्तालाप को सुन रही थी। उसे जब ये पता चला कि यह वही लड़का है जिसे उसकी बुआ, माला चाहती थी तो एक बार को वह उपर से नीचे तक सिहर उठी। वह अभी आगे सोच भी नहीं पाई थी कि उसकी छोटी बहन कुंती अपनी माँ के हाथ से मिठाई को छीनकर उसके कमरे में आ गई।

कुंती ने संतो के मुँह में लड्डू ठूँसते हुए, "बधाई हो बधाई, बहना।"

"किस बात की बधाई', संतो ने बनते हुए कहा।

कुंती मिठाई का डिब्बा संतो के हाथ में थमाते हुए, "अब तुम मुझे भी लड्डू खिलाओ और बधाई भी दो।"

"यह क्या है? बधाई लो भी और बधाई दो भी। क्या तेरी भी...।"

"संतो इसका मतलब तुझे पता है कि मैं बधाई क्यों दे रही थी। तू वैसे ही बन रही थी कि किस चीज की बधाई। अरे मैंने तो कमरे के अन्दर आते ही तुम्हारे चेहरे की रौनक देखकर भाँप लिया था कि मेरी बहन जी सब जान चुकी हैं।"

"अच्छा-अच्छा रहने दो। अपने को बहुत ज्यादा साईकोलोजिस्ट समझती हो। परंतु यह तो बता कि तू किस लिए बधाई माँग रही है? क्या सचमुच में तुम्हारा भी...?"

"ना बहना ना। अभी हम इस पचड़े में नहीं पड़ने वाले। मैं तो इस लिए कह रही थी कि तुम्हारे हाथ पीले होने के बाद हम यहाँ के बेताज बादशाह बन जाएंगे। मेरे उपर हुक्म चलाने वाला कोई न रहेगा। अपनी मर्जी के मालिक होंगे। जब इच्छा होगी...उठेंगे और

जब मर्जी होगी...खाएंगे", कहते-कहते कुंती का गला भर गया और वह संतो के गले लग कर फफक-फफक कर रो पड़ी।

रात को कुंती तो सो गई परंतु संतो की आँखों से नींद कोसों दूर दिखाई दे रही थी। वह बार-बार यही सोच रही थी कि न जाने यह लड़का कैसा होगा? यही तो वह लड़का है जिसका बुआ माला के साथ प्रेम था।

माला के याद आते ही वह पुराने विचारों में खो गई और उसके साथ हुए वार्तालाप की झलकियाँ उसके जहन में एक-एक करके चलचित्र की भाँति महसूस होने लगी।

मन में यही सोचते-सोचते कि लड़की का जीवन एक धान के पौधे के समान होता है। वह जन्म कहीं होती है परंतु फलती-फूलती कहीं और है। किंतु नारी मात्र एक पौधा नहीं है, उसमें चेतना, भावना और विचार करने की भी क्षमता होती है। इतना सब जानते हुए भी हमारे पुरूष प्रधान समाज में नारी के विचारों, उसकी चेतना तथा उसकी भावना का कोई महत्व नहीं समझा जाता। तभी तो मेरी बुआ जी अपने प्यार का इजहार न कर पाई और एक निरीह जानवर की तरह बंध कर किसी और के साथ विदा हो गई। ऐसी सब बातों का विचार करते-करते संतों न जाने कब निंद्रा देवी के आगोश में समा गई।

राम रतन जी के बच्चों में उनका एक लड़का तथा तीन लड़किया। बड़ी लड़की, उमा तथा लड़के श्रीराम की शादी हो चुकी थी। अब उनकी दूसरी लड़की के रिश्ते की बात चल रही थी। गुलाब अपनी माता जी और सोमनाथ के साथ ग्वालियर पहुँच गया। सोमनाथ का श्रीराम से पहले से ही याराना था तथा कई बार वह ग्वालियर जा चुका था। अतः उन्हें घर पहुँचने में किसी प्रकार की कोई दिक्कत नहीं हुई।

सब आँगन में बैठ जाते हैं तो राम रतन जी आकर गुलाब की माता जी के पैर छूने को झूकते ही हैं कि वे हाथ के इशारे से ऐसा करने से मना कर देती है। अतः वे सोमनाथ की बगल वाली कुर्सी पर बैठ कर उनसे बातें करने लगते हैं।

"कौन सी गाड़ी से आए हो जी?"

"ताज एक्सप्रैस से आए हैं। बड़ी अच्छी गाड़ी है। किसी प्रकार की कोई परेशानी नहीं होती। इसका देहली से चलने का समय तथा यहाँ पहुँचने का समय भी बहुत माफिक आता है। आदमी अगर चाहे तो सुबह आकर अपने सारे काम निबटा कर शाम को वापिस देहली पहुँच सकता है।"

"लेकिन फूफा जी (श्रीराम सोमनाथ को अपनी बुआ शालू के नाते से फूफा जी ही कहता था) हम आपको आज वापिस नहीं जाने देंगे।" (सभी हँसते हैं)

इतने में एक लड़की हाथ में पानी की ट्रे लिए अन्दर प्रवेश करती है। वह एक-एक करके सब के सामने पानी देने को जाती है। सभी मेहमानों की चोर निगाहें उस लड़की का अपने अपने तरीके से निरीक्षण करने लगती हैं। अपने आपमें संतुष्ट होकर गुलाब की माता जी राम रतन से पूछती हैं, "क्या लड़की यही है? रंग रूप, लम्बाई तथा सेहत से तो ठीक लगती है। कितनी पढ़ी है?"

जी यह तो मेरी छोटी लड़की, कृष्णा है। अभी पढ़ रही है। जिसका रिश्ता करना है वह तो इससे बड़ी, संतोष है।

"ब्याह लायक तो यह भी हो रही है।"

"दोनों बहनें ऊपर नीचे की हैं जी। वैसे इसकी सेहत बड़ी से कुछ इक्कीस है इसीलिए ऐसी लगती है"

कुंती गुलाब को पानी देते हुए धीरे से, "जीजा जी नमस्ते।"

गुलाब जो औरों की तरह अपने ही विचारों में मग्न था। अपने कानों के पास कुंती की आवाज सुनकर अचानक चौंकते हुए, "तो क्या तुम वो नहीं हो?"

कुंती थोड़ा मुस्कराते हुए, "नहीं मैं वो नहीं हूँ।" फिर आँख का इशारा करते हुए, "वो तो ऊपर खिड़की में।"

गुलाब ने अपनी निगाहें ऊपर उठाकर देखा तो पाया कि एक लड़की खिड़की के झरोखे से नीचे का मुआयना कर रही है। गुलाब ने भी उसको देख कर अन्दाजा लगा लिया कि वह एक सुडौल शरीर की है। रंग गेंहुआ है। नैन नक्श भी ठीक ही लगते हैं। लम्बाई का अन्दाजा लगाना मुश्किल था। गुलाब को ऊपर देखते हुए पाकर लड़की एक ओर को छुप जाती है। कुंती के मेज पर नमकीन, मिठाई वगैरह लग जाने के बाद संतोष हाथ में चाय की ट्रे लिए हुए कमरे में प्रवेश करती है। पहले की तरह सभी की निगाहें उसकी तरफ उठने लगती हैं। उसने चाय की ट्रे मेज पर रखकर

सभी को नमस्कार किया तथा फिर गुलाब की माता जी के चरण स्पर्श करके ज्यों ही बाहर जाने को उद्यत हुई तो गुलाब की माँ ने उसे टोक कर आए हुए मेहमानों का मुहँ मीठा कराने को कहा। लज्जाती शर्माती संतोष ने काँपते हाथों से सबके सामने बर्फी की ट्रे घुमा दी तथा आकर गर्दन नीची करके अपनी होने वाली सास के साथ वाली कुर्सी पर बैठ गई।

"तुम्हारा नाम क्या है?"

"जी, संतोष।"

"कितनी पढ़ी हो?"

"दसवीं के पेपर दिये है।"

"सुना है सिलाई वगैरह भी जानती हो?"

"हाँ जी, थोड़ा बहुत (बीच में संतोष की माँ एक सर्टिफिकेट दिखाते हुए) अजी इसने सिलाई-कढ़ाई का डिप्लोमा कर रखा है। यह देखो इसकी की हुई कढ़ाई के नमुने।"

संतोष द्वारा की गई सिलाई कढ़ाई के नमुने देखकर गुलाब की माता जी को संतोष हो गया कि संतोष एक गुणवंती लड़की है। अतः उन्होंने अपना फैसला सुना दिया कि उन्हें लड़की पसन्द है। परंतु एक बार लड़का तथा लड़की आपस में बातचीत करके अगर अपना मत भी प्रकट करे दें तो बहुत अच्छा रहेगा। इसलिए उन्होंने संतोष की माता जी से पूछा, "क्यों जी आपकी क्या राय है?"

"हमें भला इसमें क्या एतराज हो सकता है। वैसे यहाँ से थोड़ी दूर पर ही सनातन धर्म मन्दिर है। वहाँ बैठने का भी उचित प्रबंध है। अगर आप मुनासिब समझो तो वहाँ चले जाओ, भगवान के दर्शन भी हो जाएंगे और अगर घुमना पसन्द करो तो मन्दिर से सटे पार्क में घुम भी लेना।"

वहाँ जाकर गुलाब ने संतोष को ध्यान से निहारा तो पाया कि उसका शरीर स्वस्थ एवं सुडौल था। उसका गोल चेहरा लालिमा से भरा सुन्दर दिख रहा था। हालाँकि उसके चेहरे पर माता के निशान झलक रहे थे परंतु उसके चेहरे की लालिमा ने उन्हें परास्त किया हुआ था। गुलाब ने

अपना निर्णय लिए तथा बिना किसी को बताए वापिस घर आ गया। लड़के को इतनी जल्दी अकेला वापिस आया देख सभी के मुहँ पर हवाईयाँ उड़ने लगी।

संतोष की माँ तो अधीर हो तथा आँखों में पानी भरते हुए अपने पति से बोली, "लगता है लड़के को लड़की पसन्द नहीं आई तभी तो इतनी जल्दी अकेला ही वापिस आ गया है।"

"शुभ शुभ बोलो।"

"मेरा दिल तो बैठा जा रहा है।"

कुंती उदासीनता से, "मेरी बहन में कोई कमी तो है नहीं।"

राम रतन सभी को ढांढस देने के लिहाज से, "थोड़ा धैर्य रखो। इनकी माता जी को आने दो। उनसे ही असलियत मालूम पड़ेगी।"

इतने में ही गुलाब की माताजी मकान में प्रवेश करते हुए तथा अपने बेटे को अंदर बैठा देखकर, "क्यों बेटा तुम बिना कोई बात किए तथा बिना बताए ही मन्दिर से लौट आए? हम सब तुम्हें वहाँ ढूंढ रहे थे। क्या बात है?"

गुलाब अब भी बिना कुछ बोले अन्दर वाले कमरे में चला गया। उसका अनुशरण करते हुए उसकी माता जी, उसका भाई तथा उसकी छोटी बहन भी अन्दर चले गए।

राम रतन जी का परिवार दिल में चिंत एवं उतावलापन किये उनके बाहर निकलने का इंतजार करता रहा। यह घड़ी लड़की वालों के लिए उस पपीहे के समान होती है जो आसमान में उमड़ते बादलों को देखकर उसकी ओर अपना मुहँ फाड़े इस उम्मीद में बैठा रहता है कि न जाने बारिश की एक बूँद उसकी मनोकामना एवं जीवन की लालसा को पूर्ण करेगी भी या नहीं।

घर वालों को ज्यादा इंतजार नहीं करना पड़ा। क्योंकि जल्दी ही गुलाब की माता जी ने बाहर आकर बता दिया कि लड़के को लड़की पसन्द है। परंतु.....।

पहले तो सभी के चेहरे खिल उठे थे और एक दूसरे को बधाई देने का सिलसिला शुरू भी हो गया था किंतु गुलाब की माता जी के मुख से निकले परंतु ने सभी को एक बार फिर से जड़वत कर दिया।

राम रतन जी के मन की दुविधा एवं उनके चेहरे पर उड़ती हवाईयों को समझते हुए गुलाब की माता जी ने उन्हें ढ़ांढस बंधाते हुए कहा कि चिंता की कोई बात नहीं है मेरा लड़का केवल इतना जानना चाहता है कि लड़की को बस या रेलगाड़ी के सफर के दौरान उल्टियाँ तो नहीं आती?

गुलाब की माता जी का कथन सुनते ही राम रतन जी तनाव मुक्त हो गए। उन्हें ऐसा आभास हुआ मानों तैरते-तैरते थक कर डूबते हुए एक पुरूष ने थाह पा ली हो। उनके साथ-साथ उनके सभी घर वालों के चेहरे प्रसन्नता से उदभाषित दिखने लगे। राम रतन जी से उत्तर देते न बना क्योंकि खुशी के कारण उनकी आँखे छलक आई तथा गला भर आया था। अतः श्रीराम को उत्तर देते हुए बताना पड़ा कि संतोष को सफर में ऐसा कुछ नहीं होता।

इस पर गुलाब की माता जी ने घोषणा कर दी, "लड़की हमारी हुई अर्थात् उनकी तरफ से रिश्ता पक्का। बाकी वे सोच लें कि उनकी क्या राय है?"

संतोष की माँ जिसके मन में खुशी की लहर हिलोरें मार रही थी हाथ जोड़कर बोली, "हमें क्या सोचना है जी। हमारी बेटी सौभाग्य शालिनी है जो आपने उसे अपनी बहू बनाने का सम्मान दिया।"

गुलाब की माँ भी बहुत खुश दिखाई दे रही थी। वे अपनी प्रसन्नता में इतनी बह गई कि झट से अपने गले से सोने की चैन निकाल कर संतोष के गले में पहना दी।

इस पर बधाई हो....बधाई हो के उच्चारण से वातावरण गूँज उठा। संतोष की माँ ने एकदम उठकर गुलाब की माता जी (लीलावती) के चरण छूने चाहे परंतु उन्होंने फुर्ती दिखाते हुए उनको ऐसा करने से रोक दिया तथा उन्हें अपने गले से लगा लिया।

संतोष की माँ ने दोबारा चरण छूने की कोशिश करते हुए, ''हमने तो आपके पैर पहले भी छू रखे हैं जब हमारी शालू की शादी आपके बड़े लड़के से हुई थी।''

''तब की बात कुछ और थी। उस समय मैं आपको इतना जानती नहीं थी। अब तो मैं आपको प्रत्यक्ष अपनी समधन के रूप में देख रही हूँ। अब आप ऐसा न करें।''

राम रतन जो अपनी लड़की के रिश्ते की बात पक्की जानकर फुला न समा रहा था अब दोनों समधनों की बात सुनकर बोला, यह तो आपका बड़प्पन है जी। वरना हमारी जगह तो आपके चरणों में ही है। कुँवर साहब (गुलाब) के पिता जी की तरह आप भी महान हैं जी। देखो न आपने लड़के की रस्म कराने से पहले ही लड़की की रस्म कर दी। लाला जी की महानता के चर्चे तो मैंने तभी सुन लिये थे जब आपके बड़े लड़के की शादी दरियागंज से हुई थी। फिर प्रत्यक्ष डिबाई में देख भी लिया जब आपके दूसरे लड़के की शादी हमारी चचेरी बहन शालू के साथ सम्पन्न हुई थी।

लीलावती ने डिबाई वालों की बात बताते हुए कहा, ''डिबाई वालों ने तो बारात की आवभगत बहुत अच्छी की थी। सभी बाराती बहुत प्रशंसा कर रहे थे।''

''सो तो सही है जी परंतु लाला जी की महानता का तो कोई मुकाबला ही नहीं हो सकता''। इसके बाद राम रतन जी ने डिबाई में घटी बर्फ के पानी की घटना को सुना दिया। फिर थोड़ी देर रूककर, ''अगर आपकी मंजूरी मिल जाए तो लड़के का शगुन करके हम भी अपनी तरफ से बात पक्की कर दें।''

''जैसी आपकी इच्छा। मुझे इस में कोई एतराज नहीं है।''

राम रतन जी ने विधिपूर्वक गुलाब के माथे पर चन्दन रोली का टीका लगा कर एक गिन्नी भेट स्वरूप गुलाब को दे दी। इसके बाद जब वे गुलाब की माता जी को मिलनी के रूप में भेंट देने लगे तो उन्होंने यह

कहते हुए लेने से मना कर दिया कि यह मामला मर्दों के दायरे में आता है तथा उनसे पहले वे यह स्वीकार नहीं कर सकती। इस समय इतना ही बहुत है कि हमको लड़की पसन्द आ गई है तथ आपको लड़का। अब आगे के प्रोग्राम आप मर्द लोग बैठ कर सुलझाते रहना।

XIII

20 नवम्बर 1968 का दिन गुलाब की संतोष के साथ शादी का दिन तय कर दिया गया। वर-वधु के घरों में शादी की तैयारियाँ जोर-शोर से शुरू हो गई। बारात देहली से ग्वालियर जानी थी परंतु लाला नारायण जी के स्वास्थय को देखते हुए शादी देहली से ही करने का निर्णय हुआ। अतः दरियागंज के उसी मन्दिर में पाणिग्रहण होना निश्चित हुआ जिसमें गुलाब के बड़े भाई शिव का हुआ था।

गुलाब, घोड़ी पर सवार, गाजे बाजे के साथ, अपनी बारात लेकर निश्चित दिन मन्दिर के दरवाजे पर पहुँच गया। हर दुल्हें की मनोइच्छा अपनी होने वाली पत्नी के दर्शन की लालसा के विपरीत गुलाब के मन में दो को देखने की लालसा जागृत थी। वह अपने ख्यालों में इतना खोया हुआ था कि बारात के आगे बजते चल रहे अनेक प्रकार के बाजे तथा उसकी घोड़ी के आगे नाचते गाते उसके सगे सम्बंधियों एवं दोस्तों आदि का झुंड वह महसूस भी नहीं कर पा रहा था। उसकी प्यासी निगाहें तो बस एक अपनी प्रेयसी माला तथा दूसरी अपनी होने वाली पत्नी संतोष को ढूंढती नजर आ रही थी।

मन्दिर के दरवाजे पर औरतों तथा बच्चों की भारी भीड़ जमा थी। जो आगे खड़े थे वे अपने को आगे ही रखने की जुगत कर रहे थे परंतु पीछे वाले भी आगे स्थान पाने की कोशिश में जुटे थे। घोड़ी पर बैठे-बैठे ही गुलाब ने देख कि उसकी माला पीछे से आगे आने की भरपूर कोशिश कर रही है परंतु अपने को असमर्थ पा रही है। गुलाब समय की नाजुकता को महसूस करते हुए माला की किसी प्रकार की कोई सहायता करने में

अपने आप को भी मजबूर पा रहा था। एक बार दोनों की नजरें आपस में टकराई तो माला ने अपने दोनों हाथ जोड़ दिये। उसके चेहरे के भावों से प्रतीत हो रहा था जैसे कह रही हो,'' मुझे माफ कर देना मैं सामाजिक रीति रिवाजों के खिलाफ जाकर आपका इंतजार न कर सकी।''

इतने में औरतों का एक धक्का सा लगता है जिससे माला अपने को सम्भाल न सकी तथा गुलाब की आँखों से औझल हो गई।

गुलाब को घोड़ी से उतार कर मन्दिर के दरवाजे पर खड़ा कर दिया गया। अन्दर से औरतों के मंगलाचार के गीत गाने की मधुर आवाज का गुंजन प्रारम्भ हो गया। संतोष अपने कर कमलों में वरमाला लिये बालहंसिनी की तरह चाल चलती हुई सामने प्रकट हुई। गुलाब ने देखा कि उसके सभी आभूषण अपनी-अपनी जगहों पर बहुत फब रहे थे। शायद उन्हें उसकी सुन्दर एवं चतुर सखियों ने बड़ी मेहनत करके उसके अंग-अंग में भली भांति सजाकर पहनाया होगा। तभी तो आज की संतोष और उस दिन की संतोष, जब गुलाब उसे उसके घर देखने गया था, की सुन्दरता में जमीन आसमान का फर्क दिखाई पड़ रहा था। संतोष ने जैसे ही गुलाब के गले में वरमाला डाली कि नंगाड़ो, ताशे, ढोल तथा शहनाई इत्यादि का बजना अपनी चरम सीमा पर पहुँच गया। फिर गुलाब द्वारा संतोष को वरमाला पहनाने के बाद सभी मन्दिर के अन्दर दाखिल हो गए।

रात के खाने के बाद फेरों का कार्यक्रम शुरू हुआ। दुल्हा दुल्हन को वेदी पर बैठा दिया गया। पंडित जी ने अपने मंत्रोचारण प्रारम्भ कर दिये। वे बीच-बीच में दुल्हा दुल्हन से फूल, पान, वस्त्र, मिठाई इत्यादि भगवान को अर्पित करने की हिदायत देते जाते थे। इस दौरान गुलाब की चोर निगाहें माला को खोजती रही परंतु उसे सफलता नहीं मिली। इसी खोजबीन में लगे रहने के कारण वह पंडित जी के कहे का अनुशरण ठीक प्रकार से नहीं कर पा रहा था। दुल्हन संतोष भी इस बात को समझ गई थी। उसे पता नहीं क्या सूझी कि उसने अपनी साड़ी से अपने पैर के अंगूठे

को ठीक तरह से ढक कर उससे गुलाब के पैर को झकझोर दिया। इस प्रत्यासित घटना से गुलाब की तंद्रा टूटी और उसने सम्भल कर बैठते हुए एकदम संतोष की तरफ निहारा। उसने सोचा कि उसकी दुल्हन शायद बहुत चालू है तभी तो इसे मेरे साथ छेड़खानी करने की इतनी जल्दी है कि फेरों की वेदी पर ही शुरू हो गई है। गुलाब ने घूंघट के अन्दर से झाँकती शरारती आँखों को परखा। चेहरे पर एक कटु मुस्कान झलक रही थी। गुलाब के अपने दिल में चोर में चोर होने की वजह से उसे ऐसा प्रतीत हुआ जैसे संतोष की निगाहें कह रही हों, "मैं सब जानती हूँ कि थोड़ी-थोड़ी देर बाद आप कहाँ खो जाते हो।"

खैर इसके बाद गुलाब ने अपने आपको सम्भाले रखा तथा किसी को कुछ भी कहने का कोई मौका नहीं दिया।

सात फेरों के सम्पूर्ण होने के बाद गुलाब आराम कर रहा था कि एक जाना पहचाना सा चेहरा उसके सामने आकर खड़ा हो गया। अरक लगा सफेद चमकता हुआ कुर्ता पायजामा पहने तथा सिर पर सफेदी टोपी उसे बहुत फब रही थी। उसने आते ही अपने चेहरे पर मन्द-मन्द मुस्कान लाते हुए सवाल किया, "मुझे पहचाना।"

गुलाब अपने दिमाग पर जोर देकर सोचने लगा कि आखिर वह है तो जाना पहचाना सा परंतु उसकी समझ में नहीं आ रहा था कि वह असल में कौन है। गुलाब की इस दुविधा का समाधान उसकी भाभी शालू ने किया जब उन्होंने बताया कि वह जाना पहचाना आदमी उसका बड़ा साढू है तथा वे पहली बार डिबाई में मिले थे। इसके बाद गुलाब को वह खीर में नमक वाली बात भी याद आ गई इसलिए अब वे दोनों ठहाका लगाए बिना न रह सके।

गुलाब ने मजाक के तौर पर कहा, "आप तो बडे छुपे रूस्तम निकले।"

"वो कैसे।"

"चुपके-चुपके अपनी खीर का बदला ले लिया।"

"वो कैसे।"

"बहुत भोले बन रहे हो।"

"मैं समझा नहीं। मैंने क्या किया है?"

"लो बदला लेने के लिए बिना सुराग दिये हथकड़ी तो पहनवा दी और अब कह रहे हैं कि मैंने क्या किया है?"

हँसते हुए, "अच्छा-अच्छा अब समझा कि आपके कहने का आशय क्या है।"

"शुक्र है समझ तो गए परंतु अब इससे ज्यादा सजा मैं भुगत नहीं पाऊँगा।" गुलाब उठकर खुशी-खुशी अपने साढू के गले लग जाता है।

XIV

बारात की विदाई की तैयारियाँ शुरू हो गई थी। अनुमन इस समय कंगना खोलने, दुल्हे को विदाई के टीके करना तथ समधियों को मेहन्दी भरे हाथों से थापे लगाने इत्यादि कार्यक्रम बड़े चाव, लग्न, उत्साह तथा मजाक भरे व हर्षोल्लास के वातावरण में सम्पन्न होते हैं। परंतु अग्नि के सात फेरों के बाद जनवासे का खुशहाल माहौल अचानक मुर्दानगी भरा बन गया था।

गुलाब ने देखा कि उसके बड़े भाई साहब शिव तथा उसके पिता जी में धीरे-धीरे कुछ गम्भीर बातें हुई और फिर शिव जल्दी से बाहर निकल गया। पिता जी ने सभी को अपनी अपनी रस्में शिघ्रातिशिघ्र निपटाने को कहते हुए अपने मंझले लड़के श्री चन्द को दुल्हा दुल्हन को लिवा ले जाने के लिए गाड़ी लाने का कहा। गाड़ी आई परंतु बिना सजी हुई। उस पर एक भी फूल लगा नजर नहीं आ रहा था जबकि गाड़ी वाले से उसके सामने ही बात हुई थी कि गाड़ी को कैसे सजवाना था। और तब विदाई हुई तो उससे पहले की सभी रस्मों को नाम के तौर पर पूरा करके, बिना गाजे बाजे के चुपचाप सब अपने घर के लिए निकल गए। वह इतना ही अन्दाजा लगा पाया कि कुछ न कुछ बड़ा ही कांड हो गया है जो सब दबी

आवाज में तथा जल्दी-जल्दी सब काम निपटाना चाहते हैं। गुलाब ने जिज्ञासावश एक दो से पूछने की कोशिश भी की परंतु सबने टालने के लहजे में कुछ नहीं, कुछ नहीं कहते हुए बात को टाल दिया। खैर मन में एक अनजान आशंका लिए गुलाब अपनी दुल्हन को लेकर अपने गाँव नारायणा पहुँच गया। गुलाब जब अपने घर को जाने वाली गली में मुड़ा तो वहाँ की हालत देखकर सकते मैं आ गया। गली में उसकी शादी के लिए जो सजावट की गई थी मसलन फूलों से सजा तौरण द्वारा तथा पूरी गली में लगी रंग बिरंगी चमकीली पन्नियों के साथ बिजली की सजावट सब नदारद थी। और जब उसने अपनी बहनों, भाभियों और रिश्तेदारों की औरतों को बिना गीत गाते हुए तथा अपने चेहरों पर उदासीनता लिए नई दुल्हन को लिवाकर ले जाने के लिए आते देखा तो उसके सब्र का बांध टूट गया। वह झट से नीचे उतरा तथा अपनी शालू भाभी को झकझोरते हुए पूछा, "क्या हुआ भाभी जी?"

उसकी भाभी जी ने बनावटी हँसी दिखाते हुए केवल इतना ही कहा, "घर चलो सब पता चल जाएगा।"

आई हुई औरतें संतोष को लेकर चुपचाप घर की तरफ रवाना हो चली। रास्ते में संतोष के साथ चल रही कुछ बुजुर्ग औरतों के बीच उस हादसे के विषय में, जिसके कारण खुशी का माहौल एकदम गमगीन बन गया था, दबी आवाज में चर्चा शुरू हो गई।

एक बुढियाः गुलाब सेठ जी का सबसे छोटा लड़का है।

दूसरीः हाँ इसके बाद तो चार लड़कियाँ ही हैं।

पहलीः सेठ जी की बड़ी तमन्ना थी कि इसकी शादी बड़ी धूमधाम से करेंगे।

तीसरीः तैयारी तो इसी हिसाब से की थी। देखा नही घुड़चढ़ी किस शान से की थी।

पहलीः हाँ बहन छः सात तरह के तो बाजे ही थे। और चार घोड़ों की बग्गी की छटा तो निराली ही थी।

दूसरीः सुना है फेरों के एकदम बाद बड़ी बहू (प्रेम) के पिता जी का स्वर्गवास हो गया था। यही कारण है कि इस बहू को धूमधाम से लिवा कर नहीं लाया गया।

पहलीः (फुसफुसाते हुए) अरे नई बहू के पैर अभी घर में पड़े नहीं कि हो गई गमों की श्रृंखला शुरू।

संतोष के कान इन बुढ़ियाओं की बातों पर लगे थे। अब उसकी समझ में आया कि उसकी विदाई के समय वातावरण क्यों गमगीन हो गया था। अपनी जिठानी के पिता जी के स्वर्गवास की जानकर एकबार को वह सिहर उठी। उसका रोम-रोम काँप कर रह गया और वह सोचने लगी कि इस हादसे को लेकर (साथ चल रही बुढ़ियाओं के कहने की तरज पर) न जाने ससुराल में उसके साथ कैसा व्यवहार होगा। खैर मन में डरती काँपती संतोष ने घर के अन्दर जाने की सारी औपचरिकता पूरी करते हुए ग्रह प्रवेश किया। इसके बाद मुँह दिखाई की रस्म प्रारम्भ हुई।

पहली बुढ़िया दुल्हन का मुँह देखकर "अरे बहू तो सुन्दर है। गोल चेहरा, गेहूँआ रंग, सुडौल शरीर सभी अच्छा है।"

दूसरीः परंतू बहू के पैर तो कुछ अच्छे ना पड़े।

तीसरीः बिलकुल ठीक कहा, अरे सुन्दरता को कोई धर कर चाटेगा क्या?

चौथीः ऐसी सुन्दरता किस काम की जो आते ही किसी की जान ले ले। मैं तो कहती हूँ कि.....।

इन सभी की आपस में हो रही बातें संतोष की सास बड़े धीरज से सुनती रही परंतु जब उसके सब्र का बाँध टूट गया तो उसने चौथी बुढ़िया को बीच में ही टोकते हुए कहा, "अरी ओ हरदेई क्या कह रही है? किसकी सुन्दरता ने किस की जान ले ली? (थोड़े कठोर शब्दों का इस्तेमाल करते हुए) तुम सब बहू की मुहँ दिखाई करने आई हो या आग लगाने।"

सेठानी "नाराज न हो। हमने ऐसा कुछ नहीं कहा" सभी, एक साथ बोली।

कहने "को तुमने छोड़ा ही क्या है? अभी तो बहू बच्ची है, वह तो शायद अभी तुम्हारे कहने का मतलब न समझ सके परंतु मैं अच्छी तरह जानती हूँ कि तुम कहना क्या चाहती हो।"

सेठानी "हमारा कोई गलत इरादा नहीं था।"

अरी "कहते हैं कि एक डायन भी अपनी घात सात घर छोड़कर लगाती है। परंतु तुम तो अपने बिलकुल पड़ोस के घर में ही अपनी बातों का जाल फैलाकर उस घर को बर्बाद करने की मंशा बना रही हो।"

सेठानी "हमने ऐसा तो कुछ नहीं कहा कि आप इतना आग बबूला हो रही हो।"

लीलावती बिलकुल साफ शब्दों में अपनी मंशा जताते हुए "तुम सब हमारे यहाँ खुशी में शरीक होने आई हो। जो तुम्हारा कर्तव्य बनता है वह पूरा करो और खुशी-खुशी विदा लो। मैं नहीं चाहती कि दुनिया का रोना तुम यहाँ रोने लगो।"

लीलावती ने बोलना शुरू रखा "अरे मेरी बड़ी बहू के पिता जी के स्वर्गवास हो जाने का गम तो हम सभी को है परंतु यह भी तो सच है कि उनकी उम्र हो चली थी। अब उनकी मृत्यु को मेरी छोटी बहू के पैरों से जोड़ने का तुम्हारा क्या अभिप्राय है? सौ बात की एक बात कहती हूँ। खबरदार जो बहू के सामने किसी ने भी इस दुखःद हादसे के बारे में कोई उल्टी सीधी बात की तो। (फिर संतोष की ओर मुखातिब होकर) चल बेटी थोड़ा अराम करले। बहुत समय से ऐसे ही बंधी बैठी है।"

कमरे के अन्दर जाकर संतोष की आँखों में आँसू देखकर, बावली "तू रोती क्यों है? तू किसी बात की चिंता न कर। मैं हूँ न। अधिकतर दुनिया वाले ऐसे ही होते हैं। वे किसी की खुशी सहन नहीं कर पाते। हर चीज

में बुराई ढूँढना उनकी आदत बन चुकी होती है। वे किसी और के घर में बढ़ती सुख शांति एवं समृद्धि को पचा नहीं पाते तथा ऐसा कुछ चक्र चलाने की सोचते हैं कि दूसरे का वंटाधार हो जाए। खैर अब तेरे सामने कोई ऐसी वैसी बाते करे तो मुझे बता देना। (बड़े प्यार से सिर पर हाथ फेरते हुए और कमरे का दरवाजा बन्द करते हुए) चल अब आराम करले।"

शाम ढल गई। रात का खाना वगैरह से निपट कर सोने का समय हो गया। कमरे में अपने को अकेला पाकर संतोष के दिल की धड़कनें बढ़ने लगी। वह अभी पूरी तरह सोच भी नहीं पाई थी कि गुलाब के कमरे में प्रवेश करने के समय वह किस तरह पेश आए कि उसके देवर तथा नन्दों ने उसे आकर घेर लिया। सभी संतोष के साथ मजाक तथा चुलह बाजी करने लगे। संतोष भौचक्की सी रह गई। उसका शरीर काँपने लगा तथा माथे पर पसीने की बूँदे चमकने लगी। उसकी ऐसी हालत देखकर शीला ने शरारत भरी मुस्कराहट के साथ पूछा "भाभी जी क्या बात है?"

कुछ "भी तो नहीं।"

कुछ "तो है तभी तो शरीर काँप रहा है।"

"किसका"?

बनाओ "मत, कविता बोली, तुम्हारा शरीर ऐसे काँप रहा है जैसे मन्द मन्द समीर चलने से लता हिलोरे लेती है।"

सीमा "भईया का डर लग रहा होगा।"

भला "मैं क्यों डरने लगी।"

हाँ "तुम तो शेरनी हो, भला तुम्हें किस का डर, परंतु यह घड़ी ऐसी होती है कि अच्छी-अच्छी की सीटी-पिटी गुम हो जाती है, "शीला ने चुटकी लेते हुए कहा।"

संतोष ने जो अब तक सम्भल चुकी थी पलट वार करते हुए, "सुना है आप तो एक दबंग तथा निडर लड़की हो, तो क्या बहन जी आपके साथ भी ऐसा ही हुआ था?"

अरे ''यह तो सब जानती है कि आगे क्या होने वाला है ''कविता'', ने एक कहानी सुनाते हुए कहा।

तुम ''सब ने सुना होगा कि एक कौवा अपने बच्चे को सिखा रहा था कि किस प्राणी से किस तरह सावधान रहना चाहिये। उसने बच्चे से कहा कि जैसे ही तुम्हें देखकर कोई मनुष्य नीचे झुके तुम्हें उड़ जाना चाहिये क्योंकि वह तुम्हें मारने के लिये अवश्य ही पत्थर उठा रहा होगा। इस पर कौवे के बच्चे ने पूछा कि पापा अगर उसके हाथ में पहले से ही पत्थर हो तो? यह सुनकर कौआ बोला कि बेटा तू तो पहले से ही अकलमन्द है अतः तुझे पढ़ाने या समझाने की कोई जरूरत नहीं है जो खेल कूद और मौज उड़ा। अतः मेरी बहनों क्यों अपना तथा उसका भी वक्त बरबाद कर रही हो। (वातावरण में एक जोर का हँसी का ठहका गूँज जाता है) चलो अपने-अपने काम में लगो।''

कविता की बातें सुनकर संतोष लजाकर रह गई परंतु अन्दर से उसका पूरा शरीर अपनी नन्दों के हँसी मजाक के चलते पुल्कित हो रहा था। इतने में शीला ने अपना मुँह अपनी भाभी के कानों के पास लाकर धीरे से फुसफुसाया, ''भाभी जी उधर देखों भाई को भी चैन नहीं है। वह एक पिंजरे में बन्द शेर की तरह इधर-उधर चक्कर लगा रहे हैं।''

जब संतोष ने उधर देखा जिधर उसकी नन्द इशारा कर रही थी तो वास्तव में ही वह सिर से पाँव तक काँप कर रह गई।

इसी समय सीमा ने यह कहते हुए कि चलो भाभी जी को उसके कमरे में छोड़ आते हैं। संतोष की बाँह पकड़कर उसे सहारा देकर उठाना चाहा तो वह एकदम चिल्लाकर बोली अरे कोई देखो भाभी जी तो ऐसे काँप रही हैं जैसे कि इनको बिजली का करंट लग गया हो। (सभी हसँने लगती हैं)

बहुत हो गया चलो-चलो वर्ना हम कबाब में हड्डी कहलाएँगी। क्योंकि अब कली को फूल बनने का समय आ गया है। सीमा के इस कथन के साथ ही सभी हँसती-हँसाती संतोष को कमरे में अकेली छोड़कर बाहर निकल जाती हैं।

XV

अपने को अकेला पाकर संतोष ने कमरे का निरीक्षण किया। कमरा खास़ सजाया नहीं गया था फिर भी हर वस्तु करीने से लगी हुई थी। कमरे के बीचों बीच एक डबल बैड़ बिछा हुआ था। बिस्तर पर शायद नाम के लिए थोड़े फूल बिखेर दिये गये थे। कमरे में मकान के खम्बे की वजह से एक कौना-सा उभर आया था। अगर उस कौने में कोई खड़ा हो जाए तो बाहर से कमरे में आने वाले को जल्दी से वह खड़ा हुआ आदमी नजर नहीं आएगा। संतोष को अचानक एक शरारत सूझी और वह झटपट उठकर उस कोने में जाकर खड़ी हो गई। कमरे की बत्ती बुझाकर उसने टेबल लैम्प जला दिया जिससे रोशनी मध्यम हो जाए। उसका दिल बहुत तेजी से धड़क रहा था। वह सोचने लगी कि न जाने गुलाब कैसे मिजाज का लड़का है। वह कुछ रंगीले मिजाज का तो अवश्य ही होगा। तभी तो उसने उसकी बुआ जी माला को अपने चक्कर में फंसा लिया था। वह तो सब कुछ जानता होगा कि सुहागरात क्या होती है। शायद उसने बुआ जी के साथ भी सुहागरात मना रखी हो। यही सब सोचते-सोचते वह एक बार को काँप कर रह गई। तभी दरवाजे पर आहट सुनकर वह कोने में थोड़ी और सिमट गई।

धीरे से दरवाजा खुला। गुलाब अन्दर दाखिल हुआ। अपने पीछे उसने दरवाजा बन्द किया। पलट कर कमरे की मध्यम रोशनी में उसने महसूस किया कि संतोष पलंग पर नहीं थी। हालाँकि उस छोटे से कमरे में एक आदमी को ढूंढना कोई मुश्किल काम नहीं था फिर भी गुलाब ने ऐसा करने की अपनी तरफ से कोई कोशिश नहीं की। वह वहीं खड़ा सोचने लगा कि लगता है लड़की बहुत चालाक एवं चालू है। देखा नहीं किस तरह से चोरी-चोरी फेरों के समय ही अपने पैर के अँगूठे से कैसी कारस्तानी की थी। ऐसा बेशर्म तो कोई लड़का भी नहीं होता और यह तो लड़की है। पता नहीं कैसा स्वभाव होगा तथा भविष्य में जीवन कैसे कटेगा। खैर औखली में सिर दिया तो धमाकों का क्या डरना अपनी तरफ से शुरूआत तो खुशी जाहिर करते हुए ही करनी चाहिए।

संतोष की शरारत के जवाब में उसे भी शरारत सूझ गई। वह चारों तरफ देखता हुआ आगे ऐसे बढ़ा जैसे उसे कुछ दिखाई न दे रहा हो तथा अंधेरे में कुछ ढूँढ रहा हो। वह दो कदम उल्टे चलकर जानकर धडाम से फर्श पर गिर पड़ा और मुँह से आवाज निकली "हे राम"।

फिर चारों और निःस्तब्धता छा गई।

संतोष थोड़ी देर तो दिल थामें चुपचाप खड़ी रही परंतु गुलाब के शरीर की कोई हलचल न देख वह अधिक देरी सहन न कर सकी। उसके मन में बुरे विचार आने शुरू हो गए। वह सोचने लगी कि भगवान न जाने उसकी कैसी परीक्षा लेने वाले हैं। अभी एक हादसा, जिठानी के पिताजी का स्वर्गवास, तो हो चुका ही है कि यह उलझन आन खड़ी हो गई है। अभी तक तो गाँव की औरतों को ही अभागिन कहते सुना था अब की बार तो घर वाले भी मेरी जान को आ जाएँगे। इस विचार से उसकी आँखो से अश्रुधारा बह निकली। साथ-साथ उसके हाथ भगवान की स्तुति में जुड़ गए कि वह ऐसा कुछ न करे जिससे उसे किसी प्रकार की जिल्लत उठानी पड़े। सोचते-सोचते उसके पैर स्वयं आगे बढ़ गये। गुलाब के निश्चल शरीर के पास पहुँच कर धड़कते दिल से संतोष ने ज्यों ही उसके शरीर को छुना चाहा वह हरकत में आया तथा संतोष को खींच कर अपने ऊपर डाल लिया। इसको गुलाब ने एक विधुत वेग से इस तरह अंजाम दिया कि संतोष उसकी बाहों से छुटकारा पाने में बिलकुल असहाय तथा असमर्थ हो गई। जब संतोष कोशिश करते-करते बिलकुल निढाल हो गई तथा अपने को समर्पित कर दिया तो गुलाब ने हाथ बढ़ाकर बत्ती बुझा दी। अंधेरे में हलचल शुरू हो गई और गुलाब की तरफ से सुहागरात मन गई। संतोष अपने को आवू करके उठी खड़ी हुई तथा अपने पहने हुए कपडों को सम्भालते हुए बाथरूम की तरफ जाने लगी तो उसके मुँह से निकला "बुद्धू"।

गुलाब संतोष का पल्लू पकडते हुए, "यह उपाधि किसलिए?"

क्योंकि "आपको दीन-दुनिया का कुछ पता ही नहीं।"

आपने "हमारा अभी देखा ही क्या है जो आपने इतनी जल्दी यह उपाधि दे दी। आज यह तो हमारी पहली बानगी थी आगे आगे देखिये होता है क्या?"

परंतु "दिव्य नजर रखते हैं ताड़ने वाले।"

क्या "मतलब?"

मतलब "यही कि आप सुहागरात......।" अपना वाक्य पूरा करने से पहले ही शर्मा कर पल्लू छुड़ाकर भागने का प्रयास करती है परंतु गुलाब उठाकर उसे अपनी बाहों में भरकर पलंग पर पटकते हुए, "हाँ अब बताओ कि तुमने कैसे जाना कि मैं.....?

छोड़ो "भी।"

नहीं "पहले बताओ?"

अच्छा "एक बात बताओ?"

"पूछो"।

क्या "आपने वह गाना सुना है, "हम तुम मिले जिवें टीच बटना दी जोड़ी।"

हाँ, हाँ सुना तो है परंतु तुम्हारा इससे क्या अभिप्राय है?"

यही "कि उसी स्थिति में सुहागरात पूरी होती है।

आश्चर्य दर्शाते हुए, "तो क्या ऐसा नहीं हुआ?"

धत्त (शर्माते हुए) और मौका पाकर बाथरूम में घुस जाती है।

संतोष अकेले में अपने आप से बातें करने लगती है। ये तो बहुत भोले हैं। इन्हें तो इतना भी नहीं पता कि सुहागरात कैसे तथा किस तरह पूरी होती है। मैं तो अभी तक यही सोचती रही थी कि ये तो शादी ब्याह के मामले में एक शातिर खिलाड़ी होंगे। क्योंकि मेरी बुआ माला हमेशा इनके बारे में जिक्र किया करती थी। वे इनसे अपने प्यार के किस्से मुझे सुनाया करती थी। मैं तो यह समझ बैठी थी कि इन्होंने माला बुआ के साथ कई सुहागरातें मनाई होंगी। परंतु आज के किस्से से मेरी वे सारी धारणाएँ गलत मालूम पड़ती हैं। शायद माला भी मुझे यही बताना चाह रही होगी, जब हम दोनों डिबाई आखिरी बार मिले थे, परंतु पिताजी

द्वारा बुला लेने से मैं उसकी पूरी बातें न सुन सकी थी। वे यही तो बता रही थी कि कैसे इन्होंने माला को गर्त के गड्ढे में गिरने से बचाया था।

संतोष सोचने लगी कि भगवान श्री कृष्ण को पांचाल नरेश परिक्षित ने संदेशा भिजवा कर अपने यहाँ बुलाया था कि वे उनसे अपनी पुत्री द्रौपदी के विवाह के बारे में सलाह मशवरा कर सकें। वैसे सलाह मशवरा करना ता एक बहाना मात्र था। वे तो अपनी पुत्री का हाथ श्री कृष्ण जी के हाथ में देना चाहते थे। द्रौपदी भी सच्चे मन से कृष्ण जी को प्रेम करती थी। श्री कृष्ण जी स्वयं द्रौपदी को चाहते थे परंतु उन्होंने द्रौपदी से शादी नहीं की। अर्थात् दोनों में एक दूसरे के प्रति अथाह लगाव होने के बावजूद वे शादी के बंधन में नहीं बंधे परंतु फिर भी जीवन के आखिरी क्षणों तक उनका यह लगाव फीका नहीं पड़ा। उन दोनों का निश्चल प्रेम, सखा और सखी के रूप में, अमर यादगार बन गया। इसी तरह कृष्ण जी का नाम राधा के साथ लिया जाता है जबकि वह उनकी अर्धांगिनी नहीं थी। संतोष पक्की आशवस्त हो गई कि गुलाब ने उसकी बुआ माला के साथ अपनी काम वासना की तृप्ति नहीं की होगी तथा मौके का फायदा न उठाते हुए सच्चा प्रेम किया होगा। ऐसा करने में इनको कितना धैर्य तथा संयम रखना पड़ा होगा। संतोष के दिल में अब तक जो धूमिल सी भ्रम की परछाई थी वह आज साफ हो गई। वह अपने पर गर्व महसूस करने लगी कि वह एक ऐसे व्यक्ति की पत्नी बनी है जो एक सच्चा, नेक, भोला एंव संयम रखने वाला व्यक्ति है।

एक फौजी के जीवन में ऐसे कई अवसर आते है कि उसे अपने बीवी बच्चों को घर पर अपने माँ-बाप की देखरेख में छोड़कर नौकरी पर जाना पड़ता है। वह महीनों अकेला रहने पर मजबूर हो जाता है। फौजी तो किसी तरह अकेला अपने दिन काट लेता है परंतु घर पर उसकी बीवी को यह बहुत मुश्किल हो जाता है क्योंकि अमूमन फौजी की पत्नी के अकेलेपन का बहुत से लोग नाजायज फायदा उठाने की कोशिश करते हैं। वे गिद्ध की नजर रखते हुए अपनत्व का ढोंग करके अपना उल्लू सीधा करना चाहते है। ऐसे मनुष्य समझने लगते हैं कि फौजी की अकेली रह

रही नारी उनकी पत्नी न सही परंतु उसके प्रति थोड़ी सी सहानुभूति दिखाने मात्र से ही उसे अपने बस में किया जा सकता है। ऐसी ही कुछ कोशिश गुलाब की पत्नी संतोष को रिझाने के लिये की गई थी।

गुलाब का तबादला देवलाली से जोधपुर का हो गया। उसको मजबूरन अपनी पत्नी को अपने घर, देहली छोड़ना पडा। अभी उसकी शादी हुए ज्यादा दिन नहीं हुए थे अतः संतोष के पास कोई बच्चा नहीं था। कहने को तो घर पर बड़े भाईयों के समृद्ध एवं भरे पूरे परिवार थे परंतु इनमें आत्मियता की कमी थी। अतः संतोष की देखभाल का जिम्मा उसकी सास लीलावती पर ही था क्योंकि उसके ससुर स्वर्ग सिधार चुके थे। वे इतनी सरल स्वभाव औरत थी कि उनका मन बच्चों की तरह निष्कपट था।

XVI

एक दिन लीलावती और अपनी बहू संतोष, दोनों बैठी थी कि घर के दरवाजे की घंटी बजी। संतोष द्वारा दरवाजा खोलने पर उसे एक अनजान व्यक्ति बाहर खड़ा दिखाई दिया। वह अभी कुछ पूछना ही चाहती थी कि उस अपरिचित आदमी ने अपने दोनों हाथ जोड़कर कहा, "नमस्ते भाभी जी।"

नमस्ते का जवाब तो संतोष ने दे दिया परंतु वह दुविधा में पड़ गई कि आगे क्या करे। उसके लिये अन्दर जाने को रास्तो दे या नहीं। इतने में उसकी सास ने पूछा, "कौन आया है?"

"मैं हूँ माता जी", कहता हुआ आगंतुक अन्दर धंसता चला गया और अपने चेहरे पर एक शरारत भरी मुस्कान लिये, साथ में इतनी धीमी आवाज में कि केवल संतोष को ही सुनाई पड़े बोला, "भगवान का शुक्र है सुबह-सुबह चीज के दर्शन हो गए अब तो पूरा दिन अच्छा गुजरेगा।"

नमस्ते "माता जी।"

"जीते रहो। बैठो! यह अचानक सुबह-सुबह कैसे आना हुआ?"

बैठते हुए, माता "जी आपको पता तो है कि मेरी कोई बहन या

भाभी तो है नहीं फिर ऐसे में क्या किया जाए बस यही सलाह आपसे लेने लाया हूँ।"

बहू "जरा एक गिलास पानी तो दे जाना अपने नन्देऊ के लिए।"

अपनी सास के आवाज देने से संतोष अब जाकर समझ पाई थी कि आगंतुक कौन है। वैसे नन्देऊ से पहली मुलाकात के अवसर पर उनके अन्दाज के साथ-साथ उनके द्वारा कहे शब्द संतोष को अच्छे नहीं लगे थे। अतः अभी तक उसका चेहरा तमतमाया हुआ था। संतोष इंतजार कर रही थी कि वह अजनबी कब यहाँ से जाए और वह उसकी शिकायत अपनी सास से करे। परंतु उसकी सास की आवाज ने तो पासा ही पलट दिया था। उसने अपने आपको सम्भाला तथा ट्रे में दो गिलास पानी रखकर चली गई। वरूण (नन्देऊ) ललचाई नजरों से अपनी सलेज संतोष का आना देख रहा था।

जब संतोष ने पानी का गिलास वरूण के सामने किया तो उसने संतोष की आखों में आँखे डालते हुए धीरे से उसकी प्रशंसा करते हुए कहा, "आप तो बड़ी चुस्त, तनदुरूस्त और सुन्दर हो।"

माता जी अपने काम में व्यस्त थी अतः वे शायद सुन नहीं पाई होंगी। जैसी अमूमन होता है कि एक औरत अपनी प्रशंसा सुनकर कुछ न कुछ अपना आपा खो बैठती है शायद उसी प्रकार अब संतोष के चेहरे की लालिमा से पता चलता था कि उसने अपने नन्देऊ द्वारा उसके बारे में कहे पहली मुलाकात के शब्दों को तूल देना बन्द कर दिया था। इसका कारण यह भी हो सकता था कि संतोष को पहले पता नहीं था कि वरूण उसका सगा नन्देऊ था। अतः उसे अजनबी समझ कर गुस्सा खा गई थी। पानी पिला देने के बाद संतोष ने मेहमान नवाजी बखारते हुए पूछा, "जीजा जी चाय लोगे या कुछ ठंडा?"

संतोष के बदले तेवर देखकर वरूण के मन में लड्डू फूटने लगे। वह मन ही मन बुदबुदाया, "भाभी जी आप चाय-ठंडे की क्या बात कर रही हो अगर आप अपने हाथ से जहर भी पिलादो तो वह भी मुझे मंजूर होगा।" परंतु यह सब वह खुले आम नहीं कह सकता था। अतः मन में

हिलोरे लेती अपनी एक पल की जीत जैसी खुशी के कारण उसने संतोष को अपने और नजदीक लाने के लिये कहा, "भाभी जी आपको भी मेरे साथ चाय पीनी पड़ेगी तभी मैं चाय पिऊँगा।"

जरूर, "संतोष ने हामी भरते हुए कहा।"

कितनी "अच्छी हैं आप।"

संतोष अपने चेहरे पर बनावटी रोष लाते हुए, "क्या बात है जब से आए हो तारीफ ही किये जा रहे हो।" इसके बाद न तो संतोष ने उत्तर की प्रतिक्षा की, न ही वरूण ने कोई जवाब दिया। परंतु जब संतोष पानी के खाली गिलास ट्रे में रखकर वापिस रसोई की तरफ जा रही थी तो पीछे से उसे सुनाई दिया, "तारीफ लायक चीज की तारीफ तो करनी ही चाहिए।"

सुनकर संतोष मन ही मन मुस्करा कर रह गई। उसने न तो पीछे मुड़कर देखने की जरूरत समझी तथा न ही कोई उत्तर देने की, वह सीधी रसोई में चाय बनाने के लिए चलती चली गई।

थोड़ी देर में संतोष चाय बना लाई। वरूण पता नहीं वास्तव में पत्रिका पढ़ रहा था या केवल दिखावे के लिए ही उसके पन्ने पलट रहा था। प्यालों की खनखनाहट सुनकर उसने अपनी नजरें उठाई। संतोष ज्यों ही ट्रे रखने के लिये थोड़ी मेज की ओर झुकी तो पतले आँचल से झाँकते उसके वक्ष के उभारों पर वरूण ने अपनी नजरें गड़ा दी। यह देखकर वरूण के बदन में एक हल्की सी झुरझुरी दौड़ गई। उसने छुपाने की लाख कोशिश की परंतु संतोष से यह छुपा न रह सका। संतोष ने वरुण के प्रति अपनी नजरों में कड़ाई का रुख लाते हुए तथा कुछ लजाते हुए अपना पल्लू कसकर अपने बदन के चारों ओर लपेट लिया। जैसे किसी की चोरी पकड़ी गई हो। वरूण ने अपनी गर्दन तो नीची कर ली परंतु उसका मन तेजी से कहीं ओर दौड़ रहा था। "कमाल है कितनी सुगठित देह, मदमाती आँखे, भोला मासूम-सा चेहरा, सुराहीदार गर्दन तथा गुलाबी होंठ। लगता है विधाता ने गढ़ते समय फुर्सत में काम किया होगा। तभी तो किसी बात की कसर नहीं छोड़ी। संतोष का यौवन उसे आमंत्रित

करता नजर आया। संतोष चाय प्यालियों में डालकर एक तरफ बैठ गई। उसने वरूण को अपने ही ख्यालों में खोया तथा चुप्पी साधे देखकर, "जीजा जी चाय लीजिए।"

वरुण अपनी सोच से बाहर आते हुए "अं....अं....ले रहा हूँ।"

कहाँ "खो गए थे, आप?"

संतोष से नजरें मिलते ही वरूण के माथे पर पसीने की बूँदे छलछला आई।

क्या "बात है जीजाजी आप इतने नर्वस क्यों दिख रहे हो?"

जी "......नहीं......नहीं......ऐसा कुछ नहीं है।"

इसके बाद वरुण गटागट, एक ही साँस में, चाय का प्याला खत्म करके खड़ा हो गया तथा चारों और देखकर बोला, "माता जी कहाँ चली गई?"

अभी "आती हैं पड़ोस की एक औरत बुलाकर ले गई है। उसे माता जी से कुछ सलाह मशवरा करना है।"

संतोष की सास ने अन्दर प्रवेश करते हुए तथा वरूण को खड़ा देखकर, "आप खड़े कैसे हो गए? जल्दी में हो क्या?"

हाँ "माता जी। वैसे गुलाब भाई साहब कहाँ है वह तो दिखाई ही नहीं दिये।"

वह "तो अपनी ड्यूटी पर चला गया।"

ड्यूटी "पर चला गया इतनी जल्दी?"

हाँ "उसकी छुट्टियाँ इतनी ही थी।"

यहीं "आकर फौजियों की जिन्दगी पर तरस आता है। देखो न दुल्हन के हाथ की मेहन्दी का रंग अभी फीका भी नहीं पड़ा कि चल दिये अकेला छोड़कर।"

इसमें "भला उनका क्या दोष है?"

दोष "है भाभी जी क्योंकि उन्होंने ऐसी नौकरी की जिसके सामने उसके अपने प्यार की भी कोई कीमत नहीं। उसका तो बस एक ही ध्येय होता है कुर्बानी।"

"जीजा जी यह कुर्बानी नौकरी के लिए नहीं बल्कि अपने देश के लिए होती है। अपनी मातृ-भूमि के लिए होती है।"

"भाभी जी यह उपदेश सिर्फ एक दिखावा मात्र है। गुलाब का साथ न पाकर क्या आपका मन आपको कचोटता न होगा? आपको धिक्कारता न होगा? आप खून का घूंट पीकर रह जाती होंगी। मजबूरी में आप गुलाब की याद को भुलाने की कोशिश करती होंगी। परंतू जब आप अकेले में बैठेती होंगी तो सन्नाटे में चारों और आपको गुलाब की मूरत ही नजर आती होगी।"

वरूण ने संतोष की दुखती रग को छू लिया था। संतोष वरूण की इस बारे में और अधिक बातें नहीं सुन सकती थी। वह अपने आप को कच्चा पड़ते नहीं दिखाना चाहती थी। अतः इससे पहले उसकी आँखों में पानी भरे वहाँ से उठकर चली गई। कमरे में जाकर निढाल होकर वह बिस्तर पर गिर पड़ी और सिसकियाँ भरने लगी।

बाहर वरूण अपने मन में अपनी काम वासना एवं हवस को पूरा करने के लिए एक भयानक प्लान बनाने में विचार मग्न था। जब वह अपना प्लान, जो संतोष को बर्बाद कर सकता था, गढ़ चुका तो अपने मन में खुशी की लहरें लिए अपनी सास से बड़ी विनम्रता से बोला, "माता जी गुलाब अब कितने दिनों बाद आएगा?"

कुछ "बता कर नहीं गया। फिर भी शायद एक महीना तो लग ही जाएगा।"

माता जी के कथन से वरूण का दिल बाग-बाग हो गया। वह खुशी के मारे चीखना ही चाहता था कि समय रहते उसने अपनी भूल सुधार ली। वह बड़े धीरे से जैसे कहते हुए डर रहा हो अपनी सास से बोला, "माता जी अगर आपको कोई एतराज न हो तथा आप बुरा न मानो तो एक बात कहूँ?"

हाँ "जी हाँ अपने दिल की कहो।"

मैं "कहना चाहता था कि गुलाब तो अभी यहाँ है नहीं क्यों न आप

संतोष को ही थोड़े दिनों के लिये अपनी लड़की की देखभाल को भेज दो।''

वरूण की मनोदशा से नावाकिफ तथा कुछ सोचकर सास ने जवाब दिया, ''मैं इस बारे में घर वालों से पूछकर ही कुछ बता सकती हूँ।''

वरूण उठकर हाथ जोड़ते हुए, ''अच्छा ठीक है माता जी मैं एक दो दिनों बाद आकर फिर पता कर लूँगा।''

नहीं ''नहीं आप क्यों कष्ट करते हो अगर सलाह बनी तो मैं अपनी छोटी लड़की पूनम के साथ संतोष को खुद ही भेज दूँगी।''

वरूण चलते हुए, ''अच्छा माता जी जैसी आपकी इच्छा।''

अपने घर जाने से पहले वरूण ने संतोष के मन में अपनी शराफत का सिक्का बैठाने के लिहाज से उसके कमरे में जाना उचित समझा। वह संतोष का हमदर्द बनना चाहता था जिससे आगे चलकर उसे अपने इरादे पूरे करने में अधिक कठिनाई न उठानी पड़े।

कमरे में संतोष औंधे मुहँ लेटी हुई धीरे-धीरे सुबक रही थी। किसी के पाँव की आहट पाकर वह पल्टी तथा झटपट अपने आँसू पोंछने लगी।

वरूण बड़ी मासुमियत से ''भाभी जी मुझे माफ कर दो। मैंने अनजाने में आपके कोमल हृदय को बहुत बड़ी ठेस पहुँचाई है।''

संतोष अपने चेहरे पर बनावटी मुस्कान लाते हुए ''नहीं, जीजा जी ऐसी कोई बात नहीं है। मुझे तो घर की याद आ गई थी।''

आपकी ''हालत देखकर मैं तो डर गया था कि शायद मैंने आपको नाराज कर दिया है।''

इसमें ''नाराज होने की कोई बात है ही नहीं, जीजा जी।''

ठीक है अगर ऐसी ही बात है तो मैं जब जानू जब आप ''लाईक ए गुड़ गर्ल'' (एक अच्छी लड़की की तरह) मुस्करा कर मुझे विदा करेंगी।''

क्यों ''आप जा रहे हो क्या? इतनी जल्दी क्या है खाना खाकर जाना।''

नहीं ''भाभी जी आज नहीं। वैसे तो आपके हाथ का खाना खाने की बहुत इच्छा है परंतु आज मजबूर हूँ। माफ करना फिर कभी (अन्दर ही

अन्दर अपने मन में तुम तो खाना खाने की कह रही हो मैं तो तुम्हे सारा का सारा ही खाने की सोच रहा हूँ, जरा मौका तो मिलने दो)। फिर वरूण हाथ जोड़कर नमस्ते करते हुए, ''लाईक ए गुड़ गर्ल (एक अच्छी लड़की की तरह)।''

इस बार संतोष मुस्कराए बिना न रह सकी।

वरूण बाहर जाते हुए तथा संतोष की मुस्कराहट के बारे में अपना अन्दाजा लगाकर यह सोचते हुए कि उसने अपनी सफलता की पहली सीढ़ी पर कदम रख दिया है कहा, ''यैस दैट इज इट'' (हाँ बिलकुल इसी तरह से)।

XVII

शाम को संतोष की जिठानी ''प्रेम'' अपने पीहर से वापिस आ गई। अपनी सास के चरण छूकर वह उनके गले लगकर सिसकियाँ भरने लगी। प्रेम को आया जान घर के सभी सदस्य अपनी-अपनी सहानुभूति प्रकट करने हेतू वहाँ एकत्रित हो गए। सास ने अपनी बहू को, रोते देखकर, समझाते हुए बड़े ही कोमल एवं मधुर शब्दों में कहा, ''नहीं बेटी अपना दिल छोटा न कर। परम पिता परमात्मा की करनी के आगे किसका जोर चलता है। अब रो मत। जा अन्दर जाकर आराम कर ले, थक गई होंगी।'

इतने में संतोष आगे बढ़कर अपनी जिठानी के चरण छूना ही चाहती थी कि प्रेम ने उसे कंधों से जकड़ कर अपने सीने से लगा लिया। प्रेम कुछ बोली नहीं और धीरे-धीरे अपने कमरे की तरफ बढ़ गई।

वास्तव में प्रेम की माता जी का स्वर्गवास उसी समय हो गया था जब वह छः साल की रही होगी। उसके छोटे भाई तथा उसका लालन पालन उनके पिता जी (मुनीम जी) ने बहुत ही बेहतरीन एवं सुचारू रूप से किया। पिता ने बच्चों को माँ का अभाव कभी भी महसूस नहीं होने दिया। उन्होंने दोनों बच्चें को इस काबिल बना दिया कि अपने जीवन में वे सफलता की सिढ़ियाँ आसानी से चढ़ सकें। प्रेम को घर ग्रहस्थी चलाने का पूरा ज्ञान उसकी मुँह बोली चाची कृष्णा से प्राप्त हुआ था। वह घर

के हर काम में चतुर थी। हालाँकि वह शहर में पली बड़ी परंतु ब्याह कर गाँव में आने पर उसने अपने आप को वहाँ के माहौल में इस तरह ढाल लिया जैसे वह बचपन से ही यहीं रह रही थी। प्रेम के छोटे भाई ने भी दिल्ली कालेज आफ इंजिनियरिंग से टैक्सटाईल इंजिनियरिंग की डिग्री करके बिरला मील में पदभार सम्भाल लिया था।

धीरे-धीरे घर के सभी सदस्य अपने-अपने काम में लग जाते हैं। आँगन में जल रही अँगीठी के सामने अकेली संतोष बैठी रह जाती है। संतोष जाती भी तो कहाँ जाती। उसकी जिठानी के आ जाने से उसका आशियाना भी तो छिन गया था। खैर कोई काम न देख संतोष ने धीरे-धीरे रात का खाना बनाने का काम शुरू कर दिया। जिठानी जब से कमरे में गई थी। अब रात का खाना खा चुकने के बाद फारिग होकर संतोष एक बार फिर अकेली रह गई थी। सभी अपने-अपने कमरों में जाकर आराम करने लगे परंतु संतोष के पास तो अब अपना कहने के लिये कोई कमरा ही न था तो वह कहाँ जाकर रात बिताती। कुछ समय तक तो बैठी वह अंगीठी पर अपने हाथ सेकती रही फिर उसके पास ही एक दरी बिछाकर लेट गई। वह सोचने लगी कि वास्तव में ही यह संसार बड़ा स्वार्थी है। माना कि बुआ जी और माता जी तो दुकान पर चली जाती हैं परंतु उनका यह तो फर्ज बनता है कि जाते समय मेरा कुछ इंतजाम करके जायें। और एक वो हैं कि मुझे यहाँ अकेला छोड़कर चले गए हैं। अबकी बार आएंगे तो मैं साफ-साफ कह दूंगी कि मुझे भी साथ लेकर जाएं। मैं इस तरह यहाँ अकेली नहीं रह सकती। अचानक संतोष को अपने नन्देऊ वरूण के शब्द अपने कानों में गूँजते से सुनाई दिये, "भाभी जी यह उपदेश सब दिखावा है वास्तव में गुलाब का साथ न पाकर आपका मन आपको कचोटता होगा। आपको धिक्कारता होगा। आप खून के घूंट पीकर रह जाती होंगी। मजबूर होकर आप गुलाब की याद को भुलाने की कोशिश करती होंगी। परंतु जब आप अकेले में बैठती होंगी तो रात के सन्नाटे में चारों और आपको गुलाब की मूरत की नजर आती होगी।"

सोचते-सोचते संतोष का दिल भर आया। आँखों से अश्रु बह निकले और मन की पीड़ा जबान से बाहर आने लगी।

विरह का गाना

छोड़ गए बालम मुझे हाय अकेला छोड़ गए।

....

हालाँकि लीलावती की अपनी पाँच लड़कियाँ थी परंतु करूणा का करूण क्रन्दन उससे देखा न गया। जब एक हादसे में उसके सारे परिवार वाले मृत्यु को प्राप्त हो गए थे। करूणा उस समय लगभग तीन वर्ष की रही होगी जब लीलावती ने उसके पालन पोषण का जिम्मा उठाया था। करूणा का घर में वही दर्जा था जो लीलावती की और बेटियों को हासिल था। कई तो जानते भी नहीं थे कि करूणा एक अनाथ लड़की है। नई ब्याही आई संतोष को भी इसकी भनक तक न थी।

गुलाब की शादी के समय करूणा की उम्र लगभग सोलह वर्ष की रही होगी। वह मकान में नीचे बनी बैठक में अकेली ही सोती थी। वैसे तो करूणा बहुत मृदुभाषी, सहनशील तथा मिलनसार प्रवृत्ति की लड़की दिखाई देती थी परंतु आज जब संतोष को रात बिताने को कोई जगह न थी तब भी करूणा ने संतोष से एक बार भी नहीं कहा कि वह उसके साथ उसकी बैठक में सो जाए। ऐसा भी नहीं था कि बैठक बहुत छोटी थी जिसमें दूसरी चारपाई बिछाने की जगह ही न थी। बैठक इतनी लम्बी चौड़ी थी कि तीन चारपाईयाँ बिछाने के बाद भी उसमें चलने फिरने की जगह रह जाती। संतोष बैठे-बैठे सोचने लगी कि अगर करूणा कहती तो वह बैठक में पड़े सोफे पर ही सोकर अपनी रात आराम से बिता देती। वैसे जब करूणा खाना खाकर उठकर जा रही थी तो संतोष ने महसूस किया था कि करूणा उसे कनखियों से देखते हुए उसकी आँख बचाकर अपनी बैठक की तरफ बढ़ रही थी। संतोष घर में नई सदस्य थी। वह अभी किसी के स्वभाव तथा व्यवहार के बारे में कुछ नहीं जानती थी। अतः जब किसी ने उससे उसके सोने के बारे में कुछ नहीं पूछा तो वह चुपचाप अंगीठी के पास बैठी रह गई।

संतोष पहली मंजिल पर बीच चौंक में बने जाल के पास लेटी हुई थी। वहाँ से पहली मंजिल के साथ-साथ नीचे होने वाली जरा सी आहट भी सुनाई दे जाती थी। चारों और सन्नाटा व्याप्त था। घड़ी की टिक टिक भी ऐसा आभाष दे रही थी जैसे कोई हथोड़ी से धीरे-धीरे कुछ ठोक रहा हो। रात का लगभग एक बजा होगा। बाहर गलियारे में वास्तव में ही धीमी-धीमी खट-खट की आवाज ने संतोष के कान खड़े कर दिए। वह चौकन्नी हो गई तथा एकाग्रता से कान लगाकर सुनने का प्रयास करने लगी कि कहीं उसे कोई बहम तो नहीं है। धीरे से दोबार खट-खट की आवाज सुनाइ दी। संतोष ने अन्दाजा लगाया कि वह आवाज पोली के दरवाजे पर न होकर साथ वाली बैठक के दरवाजे पर हो रही थी। संतोष दम साधकर निश्चल लेटी रही।

हालाँकि घर में बिजली थी परंतु संतोष को यह जानकर आश्चर्य हुआ कि बैठक में लालटेन से रोशनी की गई। बैठक के दरवाजे में एक छोटा सा छेद था जिससे बैठक में हो रही मध्यम सी रोशनी निकल कर पोली के फर्श पर पड़ रही थी। यह रोशनी, ऊपर जाल से, लेटी हुई संतोष को साफ दिखाई दे रही थी। संतोष और भी एकाग्रचित होकर हर आहट का जायजा लेने लगी। पहले बैठक के दरवाजे का ताला जो अन्दर से लगा रहता था खोला गया। फिर धीरे से बैठक का एक पल को दरवाजा खुला और बन्द हो गया। दरवाजा बन्द होने के बाद लालटेन की रोशनी मन्दी कर दी गई। संतोष अन्दर ही अन्दर काँप गई। उसे कुछ सूझ नहीं रहा था कि वह क्या करे। उसके शोर मचाने से, अगर वैसा कुछ पकड़ा गया जो वह सोच रही थी तो, घर की बदनामी का डर था। और अगर वैसा कुछ नहीं पाया गया तो उसकी खुद की हँसी उड़ाई जाएगी। आखिर अपना मन पक्का करके दबे कदमों से नीचे जाकर उसने किवाड़ के छेद से अन्दर का दृश्य देखकर उसके अनुसार ही कुछ करने का निश्चय कर लिया। उसने किवाड़ के छेद से जो नजारा देखा उसे देख कर वह भौंचक्की रह गई। उसका शरीर बर्फ जैसा ठंडा हो गया। उसे काठ जैसा मार गया। बड़ी मुश्किल से उसने अपने आप को सम्भाला। इतने में बैठक

का दरवाजा खुला, ताला बन्द किया गया, लालटेन बुझा दी गई तथा अन्दर अँधेरे के साथ-साथ फिर निस्तब्धता छा गई।

संतोष अपनी जगह आकर लेट गई। नींद तो उसे पहले ही नहीं आ रही थी और अब बैठक का नजारा देख कर तो वह उसकी आँखों से कोसों दूर चली गई प्रतीत हो रही थी। उसके सामने असमंजस्ता की स्थिति बन गई थी अगर वह रात को देखा हुआ किस्सा अपनी सास को ब्यान करती है तो घर में बखेड़ा खड़ा होने का डर था। और अगर किसी को नहीं बताती है तो वह बदस्तूर चलता रहेगा जब तक उस पर अंकुश न लग जाएगा। यही सोचते-सोचते कि वह क्या करे क्या न करे सुबह हो गई।

संतोष का सारा शरीर टूटा जा रहा था। सिर में भी थोड़ा भारीपन महसूस हो रहा था। वह बार-बार उबासियाँ ले रही थी।

संतोष की सास ने उसको उबासियाँ लेते हुए देखकर, क्या बात है रात को ठीक से सोई नहीं क्या?"

नहीं माता जी ऐसी कोई बात नहीं है। "मैं तो आराम से सोई थी।"

तेरा चेहरा मुर्झासा क्यों रहा है फिर आज क्या बात है "?"

नहीं माता जी मैं ठीक हूँ।

सास कुछ सोचकर, अरे हाँ रात को तू कहाँ सोई थी।"

संतोष कुछ सकपकाते हुए, यहीं अंगीठी के पास ऐसी सोई कि पता ही न चला कि कब "सवेरा हुआ।"

सास ने बड़ी ही ममता भरे शब्दों में कहा, तू डर रही है कि अगर तूने साफ-साफ बताया "तो सभी घर वालों को डाट पड़ सकती है कि उनमें से किसी ने भी तेरा ख्याल नहीं रखा। क्योंकि मैं जानती हूँ कि मेरे जाने के बाद तूझे अकेला छोड़कर सभी अपने-अपने कमरों में जाकर सो गए होंगे। मैं भी तो जाने से पहले तेरा इंतजाम करना भूल गई थी। तेरा चेहरा ही बता रहा है कि तूने रात कैसे काटी होगी। तू मुझे बहकाना चाहती है? आज से तू करूणा के साथ बैठक में सोएगी।"

संतोष चुपचाप गर्दन झुकाए अपनी सास की बात सुनती रही। इस दौरान उसने कई बार सोचा कि वह अपनी सास से रात की घटना का जिक्र कर दे परंतु बार-बार उसकी हिम्मत जवाब दे जाती थी। क्योंकि माँ के, अपनी बेटी जैसी करूणा पर, विश्वास को छेद पाना नई बहू के लिए भारी पड़ सकता था। फिर माँ की आज्ञा से इतना तो हो ही गया था कि उसके बैठक में सोने से आईन्दा के लिए करूणा के गलत कारनामों पर रोक तो लग ही जाएगी। अतः उसने अपने पति को ही इसकी थोड़ी सी भनक देना उचित समझा।

संतोष ने गुलाब को लिखे पत्र में केवल इतना ही लिखा "आजकल मैं करूणा के साथ ही सोती हूँ। उसके व्यवहार से पता चलता है कि उसके कदम कभी भी बहक सकते हैं अतः मेरे विचार से उसकी शादी जल्दी कराना बेहतर होगा। पूरा विवरण आने पर बता दूंगी।"

XVIII

अगले दिन की सुबह-सुबह दरवाजे की घंटी बजने पर संतोष ने जब दरवाजा खोला तो वरूण को सामने खड़ा पाकर प्रसन्नता से खिल उठती है। उसके मुँह से अचानक निकला, "अरे आप।"

"क्यों क्या मुझे आना नहीं चाहिये था?"

"पहले आप अन्दर तो आईये। आप तो अपने ही हैं। आपको क्या रोक टोक आप तो कभी भी आ सकते हैं।"

"धन्यवाद जो आपने मुझे अपना समझा।"

संतोष, वरूण की बात पर मुस्कराते हुए पूछती है, "जीजी कैसी हैं?"

"जच्चा बच्चा दोनों कुशल से हैं।"

"तो क्या?"

"हाँ लड़का हुआ है।"

संतोष खुश होकर तथा उतावलेपन में, "जीजी कहाँ हैं, अस्पताल में या घर पर?"

"घर पर ही है।"

अन्दर से सास की आवाज सुनाई दी, "बहू कौन आया है?"

संतोष ने यह कहते हुए अन्दर प्रवेश किया, "माता जी दिल्ली-सदर वाले, जीजा जी आए हैं।"

हालाँकि संतोष को पता चल गया था कि उसकी नन्द कविता ने एक लड़के को जन्म दिया है परंतु उसने यह उचित नहीं समझा कि अपनी सास को यह खुश खबरी उसके मुँह से पता चले अतः वह इस बारे में मौन रही।

संतोष के पीछे-पीछे वरूण भी अपनी सास के कमरे में आकर पैर छूने का इशारा करते हुए, "नमस्ते माता जी।"

सास बहुत ही प्रसन्न मुद्रा में आशिर्वाद देते हुए, "जीते रहो, सब कुशल तो हैं?"

"आप सबकी दया है जी।"

सास बच्चा होने से अनभिज्ञ परंतु जानने को इच्छुक, "क्या खुश खबरी है?"

"लड़का हुआ है।"

"कब?"

"कल दोपहर देखभाल के लिए किसी को बुलाया है क्या?"

"मेरा इस दुनिया में आप लोगों के अलावा है ही कौन जिसे बुला लेता।"

अपने दामाद की बात सुनकर संतोष की सास कुछ सोच में पड़ गई। फिर अचानक उन्होंने संतोष की तरफ ऐसी निगाहों से देखा जैसे पूछ रही हों, "क्या तुम जा सकती हो?"

अपनी सास की नजरों का आशय समझकर संतोष एकदम ऊपर से नीचे तक काँप उठी तथा इससे पहले कि वे कुछ कहती संतोष ने वहाँ से जाना उचित समझ बाहर जाने को अपना रूख किया ही था कि उसकी सास ने उसे सम्बोधित करते हुए कहा, "बहू एक हफ्ते के लिए तुम चली जाओ।"

संतोष अपनी सास कि बात सुनकर हक्की बक्की रह गई, "मैं.... मैं....। माता जी मुझे किसी बात का कोई भी ज्ञान नहीं है। मैं भला वहाँ जाकर क्या करूँगी।

कमरे में निःस्तब्धता छा जाती है। संतोष महसूस करती है कि उसकी सास थोड़ी उदास सी हो गई हैं। वरूण भी अपना सिर नीचा किए कुछ सोच रहे हैं। इस पर संतोष ने मन ही मन अपनी ससुराल के माहौल का जायजा लेते हुए अन्दाजा लगाया कि इस समय वही एक ऐसी है जो फालतू कही जा सकती है। इसलिए जाना तो उसे पड़ेगा ही अतः ज्यादा हा-हुज्जत कराये बिना ही उसने मौन तोड़ते हुए तथा बनावटी हँसी चेहरे पर लाते हुए वरूण को सम्बोधित करते हुए कहा, "क्या हमसे नाराज हो, जीजा जी?"

संतोष के मौन तोड़ने पर वरूण को अपने मन की मुराद पूरी होती नजर आने लगी। वह अन्दर ही अन्दर बाग-बाग हो रहा था। अपनी अन्दरूनी खुशी को जाहिर न करते हुए वह बड़ी सोच समझ कर बोला जिससे संतोष को अपनी प्रति आसक्त कर सके।

"आप से भला कौन नाराज हो सकता है।"

"ऐसी क्या खास बात है हम में?"

"भाभी जी आपने भी एक शायर की यह कहावत सुनी होगी कि, "जो बात तुझ में है किसी और में नहीं।"

"क्यों उड़ रहे हो। कोई और नहीं मिली क्या?"

"मिली लेकिन आप से अच्छी नहीं। (सिसकारी भरते तथा थोड़ा दाँत पीसते हुए) आप तो बस......।"

संतोष बीच में ही टोकते हुए तथा चेहरे पर थोड़ी नाराजगी जाहिर करते हुए, "देखो जीजा जी ये सब बातें मुझे पसन्द नहीं हैं।"

वरूण अपने कानों पर हाथ लगाते हुए, "अच्छा भाभी जी माफ करना अगर मुझ से आपकी शान में कुछ गुस्ताखी हो गई हो तो।"

संतोष की सास अन्दर प्रवेश करते हुए, "जमाई जी ऐसी क्या बात हो गई जो माफी माँगी जा रही है?"

“माता जी ऐसी कोई बात नहीं है बस यूँ ही।”

अचानक सास ने अपना निर्णय सुनाते हुए कहा, “बहू जा तैयार हो जा और इनके साथ ही चली जा। एक हफ्ते की करके आ जाना।”

इस बार सास की बात सुनकर संतोष पर कोई असर नहीं हुआ। वरूण के साथ जाने की सुनकर वह विचलित नहीं हुई क्योंकि वह पहले से जान चुकी थी कि उसका मना करना बेकार रहेगा। उसे हर हाल में जाना तो पड़ेगा ही। अतः वह चुपचाप तैयार हुई तथा वरूण के साथ चली गई।

देहली के भीड़ भरे इलाके की गली में पुराना परंतु कायदे से पुता तथा रंग रोगन किया खुला आँगन वाला एक मकान था। यह चार किराएदारों के लिये एक सम्मिलित आँगन था। वरूण के पास चार कमरों का सैट था। एक कमरे में कविता (वरूण की पत्नी) अपने नवजात शिशु के साथ लेटी थी। बाकी कमरों में से एक कमरा ड्राईंग रूम की तरह इस्तेमाल होता था, दूसरा सोने के लिए और तीसरा रसोई के लिए इस्तेमाल किया जाता था।

शाम का अंधेरा घिर आया था। वातावरण में हल्की ठंड समा गई थी। संतोष के हाथ का बना खाना खाते हुए वरूण, “बहुत दिनों बाद इतना स्वादिष्ट एवं मन पसन्द खाना खाने को मिला है।”

“रहने दो, रहने दो। मैं भला खाना बनाना क्या जानूं।”

“भाभी जी मैं मजाक नहीं कर रहा हूँ। खाना बहुत ही स्वादिष्ट बना है। उपर से यह कि आपने वही सारी वस्तुएँ पकाई हैं जो मुझे सबसे ज्यादा पसन्द हैं। वैसे भाभी जी एक बात बताओ कि आपको मेरी पसन्द कहाँ से पता चली?”

“जिसके बारे में पता न हो और सोचा भी न जाए परंतु वह हो जाए तथा अपने साथ-साथ दूसरे का मन मोह ले तो उसे करने वाले का सौभाग्य ही कहा जाएगा। अतः यह मेरा सौभाग्य है कि आपको मेरा बनाया खाना इतना पसन्द आया।”

वरूण डकार लेते हुए और पेट पर हाथ फेरते हुए खाने की मेज से उठ कर बाहर चला गया। बाहर चहल कदमी करने के बाद जब वह वापिस आया तो संतोष भी हर काम से फारिग हो चुकी थी। वह आकर सोफे पर बैठ गया। रात के दस बजे होंगे। उसने अपनी कमर तथा गर्दन पूरी तरह सोफे पर लगा दी तथा आंखे मूँदकर आराम करने की मुद्रा में बैठ गया। थोड़ी देर तक संतोष ने जब यह देखा कि वरूण बिलकुल भी हिलाडुला नहीं है तो उसने निकट आकर यह जानने के लिए कि वह सचमुच सो तो नहीं गए हैं पूछा,"

सो गए हैं क्या?"

वरूण ने उसी मुद्रा में जवाब दिया, "नहीं, सारे दिन की भागदौड़ से अब फुर्सत मिली है। खाना भी आज लाजवाब बना था जिसको खाकर तृप्ति सी हो गई है। अतः अपने को बहुत हल्का सा महसूस कर रहा हूँ। साथ में आपके बारे में भी सोच रहा हूँ।"

संतोष ने आश्चर्य से पूछा, "मेरे बारे में! हम भी तो सुने कि आप मेरे बारे में क्या सोच रहे थे?"

"यही कि हम तुम दोनों रात में अकेले बैठे बात कर रहे हैं।"

वरूण की बात सुनकर संतोष का दिल जोर-जोर से धड़कने लगा। फिर भी अपनी आवाज में निडरता का पुट लाते हुए बोली, "तो क्या हुआ?"

वरूण ने अपनी बातों का मकसद बदलते हुए, "यही कि अगर आपके पति को बाद में पता चला कि आप मेरे पास रहकर गई हैं तो वे कहीं इसका बुरा न माने तथा एतराज जताने लगे।"

"अगर यही सोचना था तो मुझे लाने से पहले यह सब सोचना था। अब पछताए क्या होता हैं जब चिडिया चुग गई खेत। वैसे आप मेरे पति के स्वभाव एवं गुणों को शायद अभी अच्छी तरह जानते नहीं। वे धैर्यवान तथा अपनों पर पक्का विश्वास रखने वाले इंसान हैं। ऐसे सीधे, सच्चे और शांत स्वभाव वाले व्यक्ति को अपने पति-परमेश्वर के रूप में पाकर मुझे अपने आप पर गर्व होता है।"

"बहुत विश्वास है गुलाब पर? आपको क्या मालूम कि बाहर रहकर वे क्या करते होंगे?"

"उन्हें मैं उनसे ज्यादा जानती हूँ।"

"उनकी जिन्दगी में आए अभी आपको दिन ही कितने हुए हैं जो इतना विश्वास से बोल रही हो।"

"मैं उन्हें बचपन से जानती हूँ।"

"तो क्या कोई लव स्टोरी पूरी......?"

"नहीं ऐसी भी कोई बात नहीं है।"

अपना काम तथा दिल की बात बनते न देख वरूण ने बातों का विषय बदलते हुए, "अरे हाँ, भाभी जी एक बात कहना तो मैं भूल ही गया।"

"क्या?"

"उस थैले में कल सुबह के लिए कुछ सब्जियाँ हैं।"

संतोष सब्जियाँ निकाल कर फ्रिज में रखने लगती है तो कटे बैंगन देखकर, ये बैंगन कटवा कर क्यों लाए हो?"

वरूण एक कड़वी हँसी हँसते हुए जैसे उसे अपने मन की मुराद पूरी होती नजर आने लगी हो, "भाभी जी क्या है कि आजकल बाजार में बैंगन कट कर ही बिक रहे हैं।"

वरूण की इच्छा एवं उसके दिल के कपट से बे-खबर संतोष ने बड़ी सादगी तथा मासूमियत से पूछा, "कट कर बिक रहे हैं! भला क्यों?"

"भाभी जी सुना है अस्पताल में एक ऐसा केस आया है जिसमें बैंगन के कारण एक औरत को बहुत तंगी उठानी पड़ी।"

वरूण की भावनाओं तथा मनोइच्छा से अनजान संतोष ने उसकी बातों का कोई मतलब न समझ एक बार फिर पूछा, "क्यों भला?"

वरूण ने क्नखियों से देखते हुए तथा यह सोचकर कि संतोष भी उसकी इच्छाओं की भागीदार बनना चाहती है फट से बोला, "भाभी जी सुना है बहुत दिनों से उस औरत का आदमी घर पर नहीं आया था। मौसम और वातावरण कुछ ऐसा बना कि वह औरत अपने पर काबू न रख

पाई...और...।'', कहते-कहते वरूण ने कमरे की बत्ती बुझा दी। जवान सलेज के साथ अंधेरा एवं एकांत पाकर उसके अन्दर की कामनाएँ जो पहले से ही सिर उठा रही थी और बलवती होने लगी। उसका पौरूष जाग उठा।

अचानक संतोष चौंक उठी। उसे लगा जैसे उसकी कमर पर कुछ रेंग रहा है। उसने महसूस किया कि वे किसी व्यक्ति की उंगलियाँ थी। परंतु बत्ती बुझने से पहले वरूण और उसके अलावा कमरे में कोई और तो था नहीं तो क्या वरूण.....। एक अनजान अनहोनी घटना को घटित होने से रोकने के लिये संतोष ने बड़े आत्मविश्वास एवं निडरता से कहा, ''यह क्या अनर्थ करना चाहते हैं आप?''

''कुछ नहीं.....आज की रात हम दोनों प्यासे हैं तथा अकेले हैं'', कहते हुए वरूण ने संतोष को अपनी ओर खींचना चाहा।

संतोष एक झटके से वरूण की बाहों से बाहर होकर एक कौने में खड़ी हो गई। उसका दिल जोर-जोर से धड़कने लगा। किसी अनिष्ट की आशंका से वह अन्दर ही अन्दर काँप गई तथा उसके माथे पर पसीने की बूँदे झलकने लगी। इस स्थिति से उभरने तथा वरूण का दिमाग ठिकाने लगाने के लिए संतोष ने मेज पर रखा टेबल लैम्प उठाते हुए दृढ़ता से कहा, ''खबरदार, मुझे आप से ऐसी आशा न थी। मेरे मन में आपके लिए बहुत सम्मान था। आपने मेरे पति को मोहरा बना कर शायद अपने बारे में ठीक कहा था कि पुरूषों का कोई भरोसा नहीं'', कहते-कहते संतोष ने दूसरे हाथ से कमरे की बत्ती जला दी।

जैसे वरूण ने संतोष की आशाओं एवं उम्मीदों को तोड़ा था उसी प्रकार संतोष ने वरूण की आशाओं एवं उम्मीदों पर पानी फेर दिया था। परंतु दोनों की आशाओं एवं उम्मीदों में जमीन आसमान का फर्क था। जहाँ संतोष की आशाएँ तथा उम्मीद वरूण के प्रति विश्वास तथा वफादारी लिए थी वहीं वरूण की आशाएँ तथा उम्मीद संतोष के प्रति वासना से लिप्त थी। इसीलिए तो जब संतोष ने कमरे की बत्ती जलाई तो उसकी आँखे एक शेरनी की आँखों की तरह लाल जल रही थी जब

की वरूण ने उसके सामने एक भेड़िये की तरह अपना सिर झुका लिया था।

वरूण के चेहरे का रंग उड़ गया था। वह सकपका रहा था फिर भी संतोष को पाने की लालसा उसके मन से गई नहीं थी। अतः बोला, "मैं क्या करूँ भाभी जी, जब से तुम्हें देखा है मेरा मन मेरे बस में नहीं है। मेरी रातों की नींद उड़ गई है। सच भाभी जी मैं तुम्हें चाहने लगा हूँ। तुम्हें प्यार करने लगा हूँ।"

वरूण की ऐसी अनर्गल बातें सुन कर संतोष के चेहरे पर गहरा विषाद घिर आया। अन्दर से वह रो रही थी परंतु बाहर से अपनी दृढ़ता कायम रखते हुए बोली, "आप भी आखिर वही बगुला भगत निकले। आप से अपने रिश्ते-नाते की वजह से दो घड़ी हँस बोल क्या ली कि आप मुझे ऐसी वैसी औरतों का दर्जा देने की कोशिश करने लगे। क्या इन सब बातों का अंजाम जानते हो आप?"

"भाभी जी आप मेरा मतलब नहीं समझी।"

"पहले तो बिलकुल नहीं समझती थी परंतु अब अच्छी तरह समझ चुकी हूँ। किसी गैर महिला की कमर में हाथ डालकर उसे अपनी और खिंचने का एक मर्द का क्या उद्देश्य हो सकता है। जीजा जी हमारा कुटूम्ब परिवार एक विश्वास के उपर खड़ा रहता है। इसी के आधार पर मैं आपके यहाँ हूँ। मुझे अपने पति पर तथा उन्हें मेरे उपर पूरा एतबार है। यदि मैं उनके साथ विश्वास घात करूंगी तो हमारी गृहस्थि एक रेत का घरोन्दा बन कर रह जाएगी। अभी तो हमारे गृहस्थी जीवन की शुरूआत है। इसलिये आप से अनुरोध है कि इसे बरबाद करने में सहायक मत बनो।"

फिर कड़े शब्दों में वरूण को चेतावनी देते हुए, "एक बात और ध्यान से सुन लो मैं गुलाब से कभी भी विश्वासघात नहीं करूंगी चाहे मुझे अपनी जान ही क्यों न देनी पड़े।"

वरूण ने चकित भाव से संतोष की तरफ देखा। उसने सोचा भी न था कि संतोष जैसी कोमल, हसीना, हँसमुख अबला नारी इतनी

दृढ़ता दिखा सकती है। उसके बुने जाल को एक ही झटके में काटने की वह क्षमता रखती है। उसके समझौते एवं याचना को ठोकर मार कर उसे हरा सकती है। वरूण को ऐसे घटनाक्रम की उम्मीद बिलकुल भी नहीं थी। वह हाथ जोड़कर तथा सिर झुकाए आगे बढ़ा और संतोष के पास जाकर उसके पैरों में गिरकर गिड़गिड़ाने लगा, "भाभी जी मेरी बुद्धी खराब हो गई थी। जो मैंने अपने साथ आपको भी गर्त के गड्ढे में धकेलने में कोई कसर न छोड़ी थी। वास्तव में ही आप पूजनीय हो। आपने मेरी आँखे खोल दी हैं। भाभी जी अब मैं अपने अन्दर के अपराधी को मारना चाहता हूँ जिसने एक निश्छल नारी को कलंकित करने की कोशिश की। कृप्या मुझे माफ कर दो।"

XIX

इसी समय दरवाजे की घंटी टनटनाने लगती है। वरूण उठकर दरवाजा खोलता है।

आगंतुक का नमस्कार स्वीकार करते हुए वह अन्दर दूसरे कमरे में चला जाता है। वरूण के चेहरे पर उड़ती हवाईयाँ, संतोष का काँपता शरीर, रात का सन्नाटा तथा कमरे में अकेले जवान नन्देऊ तथा सलेज, माहौल ऐसा था कि गुलाब के स्थान पर कोई और होता तो शंका, भ्रम तथा अविश्वास का घरौन्दा बन जाता। हालाँकि गुलाब के मन में भी इनके अंकुर फुटने शुरू हुए थे परंतु उसके दिल ने अपनी संगिनी पर ये लांछन लगाने गँवारा नहीं किए। गुलाब ने सोचा कि उसने भी तो संतोष की बूआ को गर्त के गड्ढे में गिरने से बचाया था जबकि वे अपनी तरफ से आत्म समर्पण कर चुकी थी। इसके फल स्वरूप गुलाब को भगवान पर पूर्ण विश्वास था कि उसने संतोष के साथ ऐसी-वैसी घटना घटित होने से पहले ही उसे वहाँ भेज दिया था। वैसे गुलाब को अपनी पत्नी संतोष पर भी अटूट विश्वास था कि वह कभी भी विश्वासघात नहीं कर सकती। इसीलिए वह अपनी पत्नी को चुपचाप उस परिस्थिति से उभरते हुए देखता रहा। पहले तो संतोष

कुछ विचलित सी नजर आती है परंतु वह जल्दी ही अपने को सम्भाल लेती है।

अचानक गुलाब को अपने सामने देखकर उसे अपनी आँखो पर विश्वास नहीं हो पाया तथा जब वह आश्वस्त हो गई तो आगे बढ़कर उसकी छाती पर अपना सिर टिका दिया। गुलाब ने भी उसे अपनी बाहों में समेट लिया। संतोष का दिल जो कुछ देर पहले बड़े जोरों से धड़क रहा था अब शांत होने लगा। उसे लगा जैसे कुछ क्षण पहले इस घर में जो तूफान आने को था और जिससे दो गृहस्थियाँ बरबाद हो सकती थी गुलाब के आने से सब कुछ बच गया है। संतोष को बहुत राहत मिली। अगली सुबह गुलाब संतोष को लेकर अपने घर आ जाता है।

रात का समय है। जैसे नारायणा की गलियाँ सुनसान पड़ी हैं वैसे ही अन्दर भी सन्नाटा छाया है। गली में कभी-कभी एक दो कुत्तों के भौंकने की आवाज आ जाती है। गुलाब अपनी पत्नी संतोष के साथ गली में लगती बैठक में लेटा हुआ है क्योंकि अभी उसके लिए घर में ऐसी उठने बैठने की कोई जगह नहीं थी जिसे वह अपना कमरा कह सकता था। संतोष गुलाब की छाती पर अपना सिर रखे आधी लेटी सी है। संतोष निःस्तब्धता तोड़ती है, "अब कितने दिनों की छुट्टियो पर आए हो?"

"कुछ कह नहीं सकता।"

"फिर भी कुछ तो अन्दाजा होगा।"

"शायद एक सप्ताह ही रुक पाऊँगा।"

"अबकी बार मुझे भी साथ ले चलो।"

"तोषी (संतोष) मैं तुम्हें अभी साथ नहीं ले जा सकता क्योंकि अभी तो मेरे सर्विस रिकार्ड में ही नहीं है कि मैं शादीशुदा हूँ।"

संतोष उठकर सीधी बैठते हुए, "तो क्या इसकी इजाजत लेनी पड़ती है कि तुम शादी कर रहे हो?"

"हाँ। मेरी उम्र अभी 25 वर्ष नहीं हुई है तथा मिलिट्री में अगर आप

पहले से शादीशुदा नहीं हैं तो आपको शादी करने की मंजूरी लेनी आवश्यकता है।"

"तो ले लो मंजूरी, इसमें क्या अड़चन है?"

"मैंने अर्जी डाल रखी है। अबकी बार जब आऊँगा तो तुम्हें शायद साथ ले जा पाऊँ।"

"अच्छा एक बात बताओ, अब लड़ाई तो नहीं चल रही?"

"नहीं तो।"

"क्या आपको युद्ध के समय आगे जाकर दुश्मनों से आमने-सामने लड़ना पड़ता है?"

"नहीं तोषी, हम तो लड़ाई के मैदान से कई किलोमीटर दूर अन्दर अपनी सीमा के अंदर रहते हैं।"

"फिर तो आपको कोई खतरा नहीं रहता होगा?"

"खतरा तो आजकल हर जगह तथा हर पल रहता है। हालाँकि हम लड़ाई के मैदान से इतना दूर रहते हैं फिर भी खतरा सबसे ज्यादा रहता है।"

"वह कैसे?"

"मेरा काम रडार का है। यह हवाई जहाजों की पोजिशन बताता है। अतः दुश्मनों के लड़ाकू जहाजों का काम सबसे पहले रडार को उड़ाने का होता है। जिससे वे बे रोक-टोक किसी भी इलाके पर बमबारी कर सकें।"

"तो क्या पिछली पाकिस्तान के साथ लड़ाई के दौरान आप के रडार पर ऐसा घातक हमला हुआ था?"

"हाँ 1965 की बात है। मैं जम्मू में था। पाकिस्तान युद्ध के समय मैं रडार ड्यूटी पर था। अचानक रडार ट्यूब पर मुझे पाँच तेज गति वाले हवाई जहाज दिखाई दिये.....।"

(बीती यादे)

पलोटींग बोर्ड पर स्थिति जाँचने के बाद उनकी सन्देहास्पद उड़ान को देखकर कमांडर ने इंटरकॉम पर गुलाब को हिदायत दी कि उन पाँचों हवाई जहाजों का तत्परता से मुआयना करता रहे।

अतः गुलाब उन जहाजों का खास ख्याल रखते हुए उनकी ताजा स्थिति देता रहा। उसने महसूस किया वे पाँचों जहाज बड़ी तेजी से उसके खुद के रडार की तरफ बढ़े चले आ रहे हैं। परंतु न जाने क्यों अभी तक उनको मार गिराने के लिए अपने लड़ाकू जहाजों का कहीं अता-पता नहीं था।

गुलाब अन्दर केबिन में रडार ट्यूब पर बैठा झुंझला उठा कि न जाने कमांडर क्या कर रहा है जो अभी तक अपने लड़ाकू विमानों को दुश्मनों के जहाजों को खदेड़ने की आज्ञा नहीं दी। यह उसके दायरे से बाहर था कि वह अपने कमांडर से पूछ सके कि वह ऐसा क्यों कर रहा है। उसने अपनी बात की एमर्जेंसी दिखाने के लिये माईक पर चिल्लाकर कहा, ''सन्दिग्ध जहाज सिर के ऊपर आ गए हैं।''

तभी गुलाब को अपने कमरे (रडार कैबिन) की खिड़कियों के जोर से खड़कने की आवाज आई। पलक झपकते ही बिल्डिंग का आधा हिस्सा तेज आवाज करता हुआ जमीन पर लुढ़क गया। जमीन से उठी मिट्टी और धूल तथा बम के फटने से निकले धुएँ के कारण चारों ओर अंधकार छा गया। बम वर्षक जहाज दिखाई तो नहीं दिये परंतु दूर क्षितिज में विलीन होती उनकी आवाज जरूर सुनाई दी। अभी तक कोई अन्दाजा भी नहीं लगा पाया था कि कितना नुकसान हुआ होगा कि एक और बम फटा तथा गुलाब मलबे के नीचे दब गया। उसके बाद गुलाब को कुछ पता नहीं कि क्या हुआ।

गुलाब का घर

गुलाब के पिताजी ने अपनी बेटी कविता को आवाज लगाई, ''बेटा कविता, जरा इधर आना।''

कविता अन्दर आकर, ''क्या बात है पिता जी?''

''क्या समय हो गया है?''

''पिता जी बारह बजने को हैं।''

इतने में गुलाब की माताजी जिनके चेहरे पर उदासीनता साफ झलकती नजर आ रही थी अन्दर आकर, ''आज तो मेरा मन बहुत उदास

हो रहा है। ऐसा लगता है कि यह कुछ ही क्षणों में बन्द हो जाएगा।"

गुलाब के पिता जी अपनी पत्नी को समझते हुए, "अरी तू इतनी क्यों चिंता करती है।

उपर वाला सब ठीक करेगा। उस पर भरोसा रख।"

"एक सप्ताह से ज्यादा हो गया है। गुलाब की कोई खबर नहीं। (अपनी आँखों में अश्रु भर लाती है) दिन रात मुझे उसकी चिंता लगी रहती है कि न जाने कैसे रहता होगा। खाने पीने को ठीक से मिलता भी होगा या नहीं।"

"माँ, भाई को वहाँ सब तरह के आराम हैं। बस तुम उसकी चिंता छोड़कर अपनी सेहत का ख्याल रखो।"

नारायण ने कविता का समर्थन करते हुए कहा, "तेरी माँ को तो उठते बैठते बस गुलाब का ही ख्याल आता रहता है। इसे कितनी बार समझा दिया है कि भारतीय वायु सेना में किसी प्रकार का कोई कष्ट नहीं उठाता परंतु इसकी समझ में नहीं आता। गुलाब की तरफ से दिन में बीसियों बार आँखें भर आती है।"

अपने पति की बातों को सुना अनसुना करते हुए, "आज सुबह से मेरी बाँई आँख फड़क रही है। न जाने क्या होने वाला है?"

नारायण को जैसे कुछ याद आया, "बेटा कविता, देख बारह बज गए होंगे। रेड़ियों आन कर दे। समाचार आ रहे होंगे।"

"पिता जी विविध भारती पर हिन्दी में खबरें तो शायद 12.30 पर आती हैं।"

"हाँ बेटे। परंतु अब 12.00 बजे रेडियो पर पाकिस्तान से खबरें आती हैं। हालाँकि उनकी खबरों में सच्चाई कम और अफवाह ज्यादा होती हैं फिर भी सुने तो सही कि वे लड़ाई के बारे में क्या कह रहे हैं।"

"पिता जी वे तो हमेशा अपनी बढ़ा-चढ़ा कर ही कहते हैं। इस समय मेरा भाई जम्मू सैक्टर में है। कहीं पाकिस्तान रेड़ियों ने वहाँ के बारे में अगर कोई उल्टी सीधी खबर दे दी तो माँ को सम्भालना मुशकिल हो जाएगा।"

"बेटी यह तो मैं भी जानता हूँ परंतु इतना तो अवश्य कहा जा सकता है कि उनकी खबरों में एक दो प्रतिशत सच्चाई तो होगी ही।"

"ठीक है पिता जी आप वहाँ की खबरें अकेले ही सुन लेना। मैं माँ को बाहर ले जाती हूँ तथा आपके लिये रेड़ियों को धीमी आवाज में चला देती हूँ।"

(माँ के साथ कविता का प्रस्थान)

यह रेड़ियो पाकिस्तान है। अभी आपने अहम खबरें सुनी। अब आप इनका खुलासा सुनिये। आज तड़के हमारे लडाकू विमानों ने हिन्दुस्तान के जम्मू इलाके में भारी बमबारी की। हमारी खुफिया एजेंसी के अनुसार हिन्दुस्तान में जम्मू इलाके के शाम्भा कस्बे से लेकर जम्मू तक की एकमात्र सड़क को पूरी तरह बरबाद कर दिया गया है। जम्मू शहर के निकट सतवारी क्षेत्र में स्थित हवाई अड्डे के साथ-साथ वहाँ की रडार यूनिट को भी तहस-नहस कर दिया है। हमारी खुफिया एजेंसी ने यह भी पक्का दावा किया है कि दुश्मनों के कई हवाई जहाजों को उड़ा दिया गया है तथा रडार यूनिट के साथ उसमें तैनात सभी जवान हलाक हो गए हैं। हमारी ओर से कोई जान माल की हानि नहीं हुई है तथा हमारे सभी लड़ाकू विमान अपना काम निपटा कर सकुशल वापिस लौट आए हैं।

पाकिस्तान रेड़ियों से खबरें सुनने के बाद गुलाब के पिता जी का पूरा शरीर पसीनों से तर बतर हो गया। उन्हें बहुत बेचैनी महसूस होने लगी। उन्होंने रेड़ियो बन्द कर दिया तथा कमरे में इधर-उधर टहलते हुए 12. 30 बजे तक इंतजार करने लगे जब भारत अपने समाचार देगा।

यह ऑल इंडिया रेड़ियो है। आज के ताजा समाचार सुनिये। आज सवेरे पाकिस्तान के लड़ाकू विमानों ने जम्मू क्षेत्र में भारी बमबारी की। इससे हमारे कुछ मवेशियों के अलावा किसी व्यक्ति की जान का कोई नुकसान नहीं हुआ है। सम्पत्ति भी न के बराबर बर्बाद हुई है। पाकिस्तान का यह हमला अचानक होने के बावजूद हमारे लड़ाकू विमानों ने तेजी दिखाते हुए उनको अपने क्षेत्र में खदेड़ दिया।

अब सीमा पर चौकसी बढ़ा दी गई है। रडार की यूनिट को भी ताकिद कर दी गई है कि वे निगरानी रखें कि कोई भी अनजान हवाई जहाज हमारी आज्ञा के बिना हमारे देश की सीमा का उल्लंघन न कर सके।

अपने देश की खबरें सुनकर गुलाब के पिता जी के मन को थोड़ी शांति तो अवश्य मिली परंतु वह पूरी तरह से संतुष्ट न हो पाए। एक अजीब प्रकार की दुविधा ने उनके मन में घर बना लिया था। वे कहीं से पता भी तो नहीं कर सकते थे कि उनके लड़के गुलाब का क्या हाल होगा।

गाँव के पनघट पर चार-पाँच औरतें कुएँ से पानी भर रही हैं।

रेवतीः सुमन सुना तुमने। कल रात पाकिस्तान ने हमारे देश के जम्मू इलाके में भारी बमबारी की थी।

सुमनः हाँ बहन वे बता तो रहे थे कि पाकिस्तान ने जम्मू क्षेत्र में भारी नुकसान पहुँचाया है।

लताः उनकी खबरों के अनुसार तो हमारी तरफ से जान तथा माल दोनों का बहुत नुकसान हुआ है।

रेवतीः अरी सब चुप हो जाओ। देखो ताई आ रही है। उनका लड़का फौज में है। उन्हें पुरी खबर होगी। उन्हीं से पूछ लेते हैं।

गुलाब की माँ नजदीक आ जाती है। पनघट पर की सभी औरतों ने उनका राम-राम ताई कह कर स्वागत किया। गुलाब की माँ ने भी उनको आशिर्वाद देते हुए कहा, "दूधो नहाओ पूतो फलो।"

अपने आने से पनघट पर छाए सन्नाटे को महसूस करते हुए गुलाब की माँ ने मौन तोड़ते हुए कहा, "मैंने दूर से देखा था कि तुम सब आपस में खूब बातें कर रही थी परंतु मेरे आने से तुम सब को साँप सा क्यों सूँघ गया है?"

सुमनः आपके चेहरे पर छाए विषाद को समझ कर हम सब चुप हो गई हैं।

"हाँ बेटी तुम तो जानती ही हो कि तुम्हारा देवर फौज में है। लड़ाई छिड़ी हुई है। उसकी कोई खैर खबर ही नहीं मिलती। बस इसी वजह से चिंता सी लगी रहती है।"

लताः ताई वह आजकल कहाँ है?

"जम्मू में।"

ताई के जम्मू का नाम लेते ही सभी औरतों के मुहँ से आश्चर्य से एक साथ निकला जम्मू और वे एक दूसरे का मुहँ ताकने लगी। सभी को भौचक्की सी देखकर ताई सकते में आ गई। ताई अपनी उत्सुकता को दबा न सकी तथा पूछ ही लिया, "क्यों क्या हुआ जम्मू का नाम सुनकर तुम्हारे सभी के चेहरों पर हवाईयाँ क्यों उड़ने लगी?"

सुमन अपने को सम्भालते हुए, "कुछ नहीं ताई कुछ नहीं।"

ताईः नहीं सच-सच बताओ।

रेवतीः ताई कोई खास बात नहीं है। बस यूँ ही।

ताईः जरूर कोई खास बात है। तुम सब मुझसे कुछ छिपाना चाह रही हो। जम्मू का नाम सुनकर तुम्हारी सभी की दशा ऐसे हो गई थी जैसे तुम्हें साँप सूँघ गया हो। सभी को झंझोड़ते हुए ताई पूछने लगी, "सच सच बताओ क्या बात है।"

सुमनः आपके बेटे बता रहे थे कि कल जम्मू के इलाके में पाकिस्तान के जहाजों ने भारी बमबारी की थी।

लताः परंतु ताई घबराने की जरूरत नहीं है। खबर यह भी है कि हालाँकि माल हानि तो बहुत है परंतु जान कोई नहीं गई।

रेवतीः फिर यह भी तो नहीं पता कि बमबारी किस इलाके में हुई है।

सबकी बातें सुनते-सुनते ताई का सिर चकराने लगा। और वे गिरने को हुई कि सुमन ने बढ़कर उन्हें सम्भाल लिया। सभी औरतों ने सहारा देकर ताई को उनके घर तक पहुँचा दिया।

XX

आदमपुर हवाई अड्डा

दो हेलिकोप्टर उतरते हैं। हवाई पट्टी के एक तरफ तीन चार एम्बुलेंस खड़ी हैं जिनके बाहर नर्सिंग असिस्टेंट स्टैचरों को लेकर इंतजार में हैं कि कब जहाज का दरवाजा खुले और वे जख्मी जवानों को लेने आगे बढ़े। हेलिकोप्टरों से जख्मी लोगों को जल्दी-जल्दी उतारा जाता है तथा उन्हें एम्बुलेंस से अस्पताल की ओर ले जाया जाता है। डाक्टर सभी जख्मी लोगों का मुआयना करते हैं।

डाक्टर लैफ्टीनेंट डाक्टर विंग कमांडर से, ''सर यह व्यक्ति जो तीसरे नम्बर बैड पर है काफी गम्भीर हालत में दिखता है।''

विंग कमांडरः उसके साथ क्या खास बात है?

लैफ्टीनेंटः सर एक तो वह बेहोश है। दूसरे उसकी आँखों में धूल मिट्टी भरी है। मुझे अन्देशा है कि कहीं उसकी आँखे न चली.....।

विंग कमांडरः (हाथ का इशारा करके रोकते हुए) चलो चलकर देखते हैं।

सभी तीसरे नम्बर बैड पर जाते हैं तथा लैफ्टीनेंट जख्मी के ऊपर से चादर उठाता है।

विंग कमांडरः माई गॉड! इसकी हालत तो बहुत नाजुक लगती है। जल्दी से आँखों के डाक्टर को सन्देशा भिजवाकर फौरन आने के लिये कहो।

लैफ्टीनेंटः ओ. के. सर (एक अर्दली को आँखो के डाक्टर को बुला लाने के लिये भेज देता है)

विंग कमांडरः जब तक आँखो का डाक्टर आए आप इसकी आँखो से मिट्टी धूल साफ कराओ। देखो बड़ी सावधानी बरतने की जरूरत है। फिर गुलाब के सारे शरीर का मुआयना करके शास्वत होते हुए कहता है कि भगवान का शुक्र है कि कहीं कोई हड्डी नहीं टूटी केवल पीठ पर चोट है। अच्छा लैफ्टीनेंट इसकी पीठ पर टाँके लगा देना कहते हुए प्रस्थान कर जाता है।

लैफ्टीनेंट गुलाब की पीठ पर टाँके लगा देता है। इतने में आँखों का स्पेस्लिस्ट आकर गुलाब की आँखो का मुआईना करके कहता है, "इसकी आँखो के बारे में अभी कुछ कहा नहीं जा सकता। क्योंकि मरीज बेहोश है अतः अपनी स्थिति बयाँ नहीं कर सकता।"

लैफ्टीनेंटः सर, फिर क्या किया जाए?

स्पेस्लिस्टः अब तो इसके होश में आने का इंतजार करना पड़ेगा। वैसे मैं दवाई डाल देता हूँ।

लैफ्टीनैंटः परंतु इसके बारे में भी तो कुछ नहीं कहा जा सकता कि यह कितने दिनों में होश में आएगा। अगर यह जल्दी होश में नहीं आया तो कही इसकी आँखों पर इसका प्रतिकूल असर तो नहीं पड़ेगा?

स्पेस्लिस्टः आँखों पर कुप्रभाव तो पड़ सकता है। वैसे इस हालत में आँख जाँचने के लिए बेस अस्पताल में एक मशीन आई है। आप उसे मंगवा लो।

लैफ्टीनेंटः क्या ऐसा सम्भव है।

स्पेस्लिस्टः हाँ हाँ क्यों नहीं। आप टेलीफोन आपरेटर से कहो कि वह अस्पताल में डाक्टर कुमार का नम्बर मिला कर मेरी बात कराएँ।

आपरेटरः सर देहली कैंट से डाक्टर कुमार लाईन पर हैं।

स्पेस्लिस्टः हैलो डाक्टर कुमार मैं डा. कोहली आदमपुर से बोल रहा हूँ।

कुमारः गुड मार्निंग डा. कोहली। कहिये क्या समाचार हैं?

स्पेस्लिस्टः सर मेरे पास एक मरीज आया है। वह बेहोश है परंतु उसकी आँखो में धूल मिट्टी भरी हुई थी। इस हालत में उसकी आँखों की जाँच करने के लिए हमारे पास एक्यूट टैस्टर नहीं है अतः आप से सहायता चाहता हूँ।

कुमारः कहिये मैं क्या मदद कर सकता हूँ।

स्पेस्लिस्टः वह मशीन हमें तुरंत चाहिए।

कुमारः ठीक है मैं इसका इंतजाम करता हूँ तथा इसको इसके आपरेटर के साथ आदमपुर भेज देता हूँ।

स्पेस्लिस्टः धन्यवाद सर। परंतु एक गुजारिश और थी कि अगर इस केस में आपकी राय भी मिल जाती तो हमारे लिए सोने में सुहागे का काम हो जाता।

कुमारः क्या मतलब?

स्पेस्लिस्टः यही कि आप भी एक बार मरीज का मुआयना करके हमें कुछ गाईडेंस दे देते।

कुमारः समय मिला तो आपसे सीखने जरूर आऊँगा। बाय-बाय।

गुलाब की माता जी बिस्तर पर लेटी हैं। साथ वाली मेज पर दवाईयाँ रखी हैं। उनकी लड़की कविता हाथ में खाने की थाली लिए खड़ी है तथा बार-बार अपनी माँ से कुछ खा लेने के लिए आग्रह कर रही है।

"नहीं बेटी मेरा दिल नहीं करता।"

"कुछ खा लो फिर आपको दवाई देनी है।"

"बेटी मेरी इच्छा खाने का बिलकुल मन नहीं हो रहा। मैं क्या करूँ। (आँखों में आँसू छलछका आते हैं) आज दस दिन बीत गए हैं मेरे गुलाब का कोई सन्देशा नहीं आया है।"

"माँ ऐसा कब तक चलेगा। भगवान से प्रार्थना करो कि मेरे भाई को वह सही सलामत रखे।"

"बेटी वह तो मैं कर ही रही हूँ क्योंकि वह ही सब की भली करने वाला है परंतु मैं अपने मन को कैसे समझाऊँ।

इसी समय लाला नारायण अन्दर प्रवेश करते हैं। उन्हें देख कर, "क्या कुछ खैर खबर लगी हमारे गुलाब की?"

"अभी तो कुछ पता नहीं चला। एयरफोर्स हैड क्वार्टर के जरिए जम्मू टेलीफोन कराने की कोशिश की थी परंतु पता चला कि वहाँ की टेलिफोन व्यवस्था अभी ठप्प पड़ी है।

वायरलैंस द्वारा केवल इतना तो संतोष जनक समाचार मिला है कि उस बमबारी में कोई हताहत नहीं हुआ था।"

"क्या जख्मी लोगों की कोई सूची उन्होंने जारी की है।"

''अभी नहीं। अलबत्ता जख्मी लोगों को वहाँ से जल्दी-जल्दी हेलिकोपटरों द्वारा आवश्यकतानुसार नजदीकी अस्पतालों में भेज दिया गया था।''

''तो पता कैसे चलेगा कि कौन जख्मी कहाँ गया तथा अपना भी ख्याल हुआ था। (रोते हुए) पता नहीं मेरा गुलाब कहाँ तथा किस हाल में होगा।''

''अरे भई रोने से क्या फायदा। तुम थोडा धैर्य रखो तथा अपना भी ख्याल रखो। भगवान की लीला के सामने किसी का क्या बस चल सकता है। मैं हर सम्भव प्रयत्न कर रहा हूँ कि जल्दी से जल्दी पता चल जाए कि हमारा गुलाब कहाँ है।''

(प्रस्थान)

कविता चम्मच से माँ को खिलाने का प्रयास करते हुए, ''लो माँ यह थोड़ा सा दलिया खा लो।''

''बेटी तू मुझे क्यों परेशान कर रही है। मेरा कुछ भी खाने को दिल नहीं कर रहा है।''

अनीता तथा कविता प्रवेश करते हुए, ''माँ ऐसे कैसे चलेगा। बाहर पिता जी भी उदासीन तथा गमगीन बैठे हैं। वे बार-बार हर तरह के प्रयत्न कर रहे हैं कि किसी तरह भाई के कुछ समाचार मिलें। परंतु माँ अभी-अभी पक्का समाचार मिला है तथा यह सच है कि जम्मू में उस दिन कोई भी हताहत नहीं हुआ था। जितने जख्मी लोग बाहर भेजे गए थे उनको मिलाकर वहाँ के लोगों की नफरी पूरी हो जाती है। अब केवल यह खबर और आनी है कि कौन जख्मी कहाँ है।''

''यह तो मेरा मन भी मानता है कि मेरा लाल इस दुनिया में है परंतु जब तक उसका पता नहीं चल जाता है कि वह कहाँ है तथा किस हाल में है मेरे दिल को चैन नहीं मिलेगा।'' (रोने लगती है)

उनकी तीनों लड़कियाँ अनीता, कविता एवं करूणा उनको ढांढस दिलाने का प्रयत्न करती हैं।

स्पेस्लिस्ट डा. कोहली डा. कुमार से हाथ मिलाते हुए, ''गुड मार्निंग

सर। आपने यह बहुत अच्छा किया कि मशीन के साथ आप खुद भी आ गए।''

''मैंने सोचा कि शायद केस कोई पेचीदा ही होगा जो आप जैसे काबिल डाक्टर ने हमें याद किया है। अतः आपसे कुछ सीखने की इच्छा से चला आया।''

''सर, क्यों शर्मिन्दा कर रहे हो। आपके तजूर्बे के सामने हमारी क्या औकात।''

कुमार हँसते हुए, ''ओ के, ओ के.....चलो मरीज को देख लिया जाए।''

डा. कुमार गुलाब की आँखो का मुआयना करके अर्दली को कुछ हिदायतें देकर उसकी आँखे साफ करने को कहकर आगे बढ जाते हैं तथा पाँच मरीजों को देखकर फिर वापिस आकर, ''क्या आँखे साफ कर दी?''

''हाँ सर।''

''मशीन को सैट करो तथा चैकिंग लैंस मुझे दो।''

अर्दली डाक्टर कुमार के कहे अनुसार मशीन को सैट करके लैंस उनके हाथ में थमा देता है। उन्होंने थोड़ी देर तक गुलाब की आँखो का बहुत बारीकी से निरीक्षण करने के बाद कहा, ''डा. कोहली मरीज की आँखो को काफी नुकसान पहुंचा है परंतु ऐसा नहीं कि ठीक नहीं हो सकती।''

''सर कितने पर्सैंट उम्मीद की आशा है।''

''65-35%।''

''अर्थात् 65% ठीक होने के आसार हैं।''

''हाँ। परंतु इसके लिए बहुत एतियात बरतनी पड़ेगी।''

''सर, हम अपनी तरफ से कोई कसर नहीं छोड़ेगें। वैसे गुलाब की आँखे अन्दाजन कितने दिनों में स्वस्थ हो सकती हैं?''

''देखने से तो ऐसा लगता है कि इसमें काफी समय लगेगा। अगर मरीज होश में होता तो हमें काफी मदद मिल जाती क्योंकि इसकी शिकायतों से हमें जल्दी ही इलाज करने का सही रास्ता मिल जाता। अब

यह होश में तो है नहीं अतः अपने तजूर्बे तथा अन्दाजे से ही इलाज करना पड़ेगा। इसलिए समय कुछ ज्यादा ही लगने की उम्मीद है।''

XXI

गुलाब के पिताजी का आकस्मिक निधन हो जाता है। उसकी माँ बिमारी की सी हालत में चारपाई पर लेटी है। उनकी लड़की पास बैठे हुए कुछ बुन रही है। दिवार पर लगी घड़ी शाम के चार बजाती है। चाय का समय जान कविता माँ से पूछती है, ''माँ चाय लोगी या पहले दवाई दे दूँ?''

''बेटी मुझे दवाईयों से कब तक जिन्दा रखोगी।''

''फिर वही बात। भगवान पर भरोसा रखो। वह सब ठीक करेगा।''

माँ थोडा झुंझलाकर, ''क्या ठीक करेगा। देखते-देखते तीन महीने बीत गए हैं। अभी तक गुलाब का कोई पता नहीं चला कि वह कहाँ है।''

''माँ एयरफोर्स वालों ने तो अभी तक भाई के बारे में ना-उम्मीदी की कोई खबर दी नहीं है फिर.....।''

''इस इसीलिए तो उम्मीद एवं आशा लगाए बैठी हूँ कि मेरा गुलाब आएगा। जरूर आयेगा। इसी समय गुलाब से बड़ा भाई सोमनाथ अन्दर प्रवेश करते हुए अपनी माँ की बात सुनकर, ''माँ वैसे तो उम्मीद पर दुनिया कायम है परंतु अगर कोई ना उम्मीदी पर उम्मीद रखता है उससे बड़ा मूर्ख कोई नहीं होगा।''

''बेटा तेरी ये पहेलियाँ मुझे न तो कभी समझ आई हैं न ही आएंगी। तू मुझे साफ-साफ शब्दों में बताया कर कि तू कहना क्या चाहता है।''

''मैं क्या कहूँगा माँ ये तो सभी कह रहे हैं।''

''सभी क्या कह रहे हैं?''

''कि.....कि.....गुलाब शायद अब कभी लौट कर नहीं आएगा।''

माँ बिस्तर से उठने का प्रयास करते हुए तथा गुस्से में भरकर, ''अरे तू कैसा भाई है जो अपने छोटे भाई के बारे में दूसरों से ऐसा सुन लेता

है। औरों के साथ-साथ तूने भी ऐसा कैसे सोच लिया। हे भगवान, अपनी माँ को ढांढस देना तो दूर उसके जले पर नमक और छिढ़क रहा है।''

''माँ तुम तो खामखाँ नाराज होती हो। देखो न अब तीन महीने व्यतीत हो गए हैं।

एयरफोर्स से अब तक केवल यही पता चल सका है कि गुलाब लापता है। मान लो अगर वह इस दुनिया में अभी तक जिन्दा है तो क्या इतने दिनों में उसकी कोई खैर खबर नहीं आ जाती। वह खुद ही अपनी सलामती का समाचार भिजवा देता।''

''अरे निर्ल्लज क्या तूने कभी अपनी तरफ से कोशिश की है अपने छोटे भाई का सुराग लगाने की?''

सास की तेज आवाज सुनकर सोमनाथ की पत्नी बिमला अन्दर आते हुए उनका आखिरी वाक्य सुनकर, ''माता जी, मिलिट्री एरिया में भला बाहर के लोग क्या सुराग लगा सकते हैं। हमें तो बस उनकी सुचनाओं पर ही निर्भर रहना पड़ेगा।''

''बहू, सो तो किसी हद तक सच है परंतु फिर भी कोशिश तो की जा सकती है। हाथ पैर चलाने की ही मंजिल तक पहुँचा जा सकता है। हाथ पर हाथ धर बैठने से कुछ हासिल नहीं हो सकता।''

''माता जी आप समझती क्यों नहीं अपनों की चिंता कौन नहीं करता? सभी को अपनों से बिछुड़ने का दुख तो होता ही है। परंतु चिंता और दुःख सहन करने की भी एक सीमा होती है। क्या तुम चाहती हो कि एक की चिंता करते-करते घर के और सारे लोग भी घुट-घुट कर परलोक पहुँच जाएं?''

''मैं ऐसा कब कह रही हूँ।''

''तब फिर तीन महीनों से आपने सभी को परेशान क्यों कर रखा है? सारा-सारा दिन आपकी रोनी सूरत देखने को मिलती है। न ढंग से खाती-पीती हैं न दूसरों को खाने-पीने देती हैं। न खुद को चैन है न हमें लेने देती हैं।''

"बहू मैंने कब कहा कि तुम चैन से न रहो। मैं तो तुम्हारे सामने भी नहीं पड़ती कि मेरी रोनी सूरत तुम्हें नजर आए।"

"सो तो ठीक है। परंतु अगर मैं न आऊँ तो लोग तो मुझे ही कहेंगे कि देखो कैसी बहू है सास की थोड़ी सी भी परवाह नहीं। दोनों बड़ो ने तो अपना-अपना एक-एक मकान सम्भाल लिया। इल्लत हमारे लिए छोड़ गए।"

"बहू भगवान से कुछ डरो। अरे मैं यहाँ अपने लड़के की चिंता से परेशान हूँ परंतू तुम्हें उसकी कोई परवाह नहीं। बस तुम्हें तो मकान पर कब्जा जमाने की चिंता है।"

"लो और सुनो, सच्ची बात कह दी तो आग लग गई। क्या मैंने गलत कहा है? दोनों बड़े क्या कभी आपको देखते रहते हैं। हमें तो चौबीसों घंटे आपकी रोनी सूरत जबरदस्ती देखनी पड़ती है।"

अपनी भाभी जी की अपनी माँ के प्रति ऐसी जली कटी बातें सुनकर कविता, "भाभी जी आप क्यों इतने कड़वे शब्द बोलकर माँ के दुःखी मन को और अधिक दुखित करना चाहती हो?"

"बीबी जी, मैंने इसमें क्या गलत कहा है। मेरा कहने का तात्पर्य यह है कि जो होना था वह तो हो गया अब उसके लिए सारी जिन्दगी अपनी आँखे फोड़ने से क्या हासिल होगा। अगर आप लोगों को मेरी इतनी छोटी सी बात समझ नहीं आती तो फोड़ते रहो अपनी आँखे और हो जाओ अंधे। मैं तो चली।"

सोमनाथ जो अभी तक अपनी पत्नी बिमला की बातें सुन रहा था उसके जाने के बाद उसकी तरज में ही बोला, "माँ बिमला ठीक ही तो कह रही थी। तुमने गुलाब के हिस्से के नाम पर घर का आधा हिस्सा बन्द कर रखा है। हवा पास न होने की वजह से हमें घुटन में रहना पड़ रहा है। अब तीन महीने से उसका कुछ पता नहीं कि वह जिन्दा भी है या....। इसलिए मेरे विचार से आप ये बन्द कमरे खोल दें तो बेहतर होगा। वैसे भी हिसाब से देखा जाए तो वह इस मकान में से मांगता ही

क्या है। दोनों बड़े भाईयों ने भी तो एक-एक मकान पर कब्जा जमा ही लिया है। अतः यह मकान मेरा होना चाहिए। गुलाब तो बाहर रहता है तथा हमेशा बाहर ही रहेगा। फिर आपको यह पूरा मकान मेरे लेने में कोई एतराज नहीं होना चाहिए।''

''हाँ तुम तीनों ही अपने बाप की जायदाद हड़पना चाहते हो परंतु जब तक मैं जिन्दा हूँ ऐसा हरगिज नहीं होने दूँगी। गुलाब का पूरा हक दिलवाकर ही इस दुनिया को छोड़ूँगी।''

अपनी माँ की दुविधा को समझते हुए कविता ने बात का अंत करने के लिहाज से कहा, ''माँ तुम ज्यादा मत बोलो। जो भगवान करेगा अच्छा ही करेगा। किसी के कहने से कुछ नहीं होता।''

सोमनाथ थोड़ा तैश में आते हुए, ''अरी अब भगवान के करने को रह क्या गया है। अब तो जो करना है हमें ही करना है। परंतु ये (माँ की तरफ इशारा करते हुए) हमें करने दे तब न। नागिन की तरह ये तो कुंडली लगाए बैठी हैं। मतलब साफ है कि न तो धन माल का इस्तेमाल करेंगी और न करने देंगी।''

''भईया क्यों ऐसे चुभते हुए शब्द बोलते हो। भाई गुलाब की कुछ तो खबर लगने दो। अभी से आप अपने को पूरे घर का मालिक क्यों समझ रहे हो। माँ के दिल की व्यथा को आप क्यों नजर अन्दाज कर रहे हो। क्या जमीन जायदाद के लिए आपकी आंखो पर पर्दा पड़ गया है जो आपमें समय की नाजुकता को भाँपने की क्षमता भी नहीं रही।''

अपनी छोटी बहन का तर्क सुनकर सोमनाथ ने भड़क कर चेतावनी दी, ''कविता जो माँ की तरफदारी करते हुए तू इतना बोल रही है क्या तूने कभी सोचा है कि हमें कितनी घुटन में रहना पड़ रहा है। मकान के आगे का सारा हिस्सा बन्द रहता है। अन्दर रहकर हम इंसान की सूरत तक देखने को तरस जाते हैं। मैं बताए देता हूँ अगर तीन चार दिनों में ताले नहीं खोले तो मैं तालों के साथ-साथ दरवाजे भी तोड़ दूंगा। (प्रस्थान करते हुए) देखता हूँ मुझे कौन रोकेगा।''

माँ हाथ जोड़कर तथा आसमान की ओर देखकर, "हे भगवान तू मुझे कैसे-कैसे दिन दिखाएगा। मेरे गुलाब को भेज दे। मैं एक हिस्सा उसे सौंप कर सुख से मरना चाहती हूँ।"

XXII

शाम ढल चुकी है। सभी मरीज टेलीविजन के सामने बैठकर खाना खा रहे हैं। उस पर भारत-पाकिस्तान के युद्ध के समय की खबरें दिखाई जा रही हैं। पाकिस्तानी लड़ाकू जहाज भारी बमबारी कर रहे हैं। इतने में भारतीय वायु सेना का एक नेट विमान पाकिस्तान के जहाज को निशाना बना कर राकेट दाग देता है। राकेट ठीक निशाने पर लगता है और पाकिस्तानी जहाज बम फटने जैसी आवाज करते हुए हवा में ही टुकड़े-टुकड़े हो जाता है। यह आवाज कमरे में इतनी तेज गूँजती है कि गुलाब को, जो तीन महीनों से एक मुर्दा लाश की तरह पड़ा था, उसके कानों को झनझना देती है। गुलाब के मानस पटल पर अभी तक शायद वही दृश्य छाए हुए थे जब उसकी यूनिट पर बमबारी होने जा रही थी तभी तो वह चिल्ला उठा, "सब के सब धरती पर लेट जाओ। दुशमन के जहाज उस ओर से बमबारी करते हुए आ रहे हैं। कुछ ही सैकेंडों में वे हमारे ऊपर होंगे। जल्दी करो। भाग्य तुम्हारा साथ दे! अलविदा।"

हडबड़ाहट में गुलाब उठकर बैठ गया परंतु जब उसे कुछ दिखाई नहीं दिया तो यह कहने लगा, "मुझे कुछ दिखाई क्यों नहीं देता। मैं कहाँ हूँ।"

कहकर गुलाब अपनी आँखो पर बंधी पट्टी को टटोलते हुए उसे खोलने की कोशिश करने लगता है।

नर्स गुलाब को देखकर तथा उसके हाथ पकड़ते हुए, "यह क्या करते हो?"

"मैडम आप कौन हैं और मेरी आँखो पर ये पट्टी क्यों बंधी है?"

"आप अस्पताल में हैं। यहाँ आपकी आँखो का इलाज हो रहा है।"

"क्यों सिस्टर मुझे क्या हुआ था, "आश्चर्य से पूछा गुलाब ने।

सिस्टर ने बिना गुलाब के प्रश्न का उत्तर दिये, "यह जानने के लिए कि क्या वास्तव में गुलाब होश में आ गया है, उससे एक और प्रश्न किया, "क्या आप अपना नाम जानते हैं?"

"हाँ हाँ भला मैं अपना नाम क्यों नहीं जानूंगा।"

"तो बताओ क्या नाम है तुम्हारा?"

"गुलाब, मेरा नाम गुलाब सिंह है।"

"फिर तो आप यह भी जानते होंगे कि आपके साथ क्या हादसा हुआ था। जिसके कारण आपको यहाँ आना पड़ा। अपने दिमाग पर जरा जोर देकर याद करने की कोशिश करो।"

इसके साथ ही नर्स एक अर्दली को भेजकर गुलाब की स्थिति के बारे में डाक्टर कोहली को सूचना भिजवा देती है। खबर पाकर जब डाक्टर कोहली वार्ड में आते हैं तो नर्स उन्हें सूचित करती है कि मरीज ने अपना नाम गुलाब सिहँ बताया है।

डा. कोहलीः गुड मार्निंग मिस्टर गुलाब सिंह गुप्ता।

"गुड मार्निंग सर। परंतु माफ करना श्रीमान जी क्या मैं पूछ सकता हूँ कि मैं किससे बातें कर रहा हूँ?"

"मैं डाक्टर कोहली हूँ। आप का इलाज मेरी ही देखरेख में किया जा रहा है। आप अब कैसा महसूस कर रहे हैं?"

"वैसे तो मैं स्वस्थ हूँ परंतू मेरी ये आँखे.....?"

"हाँ आपकी आँखे, परंतु भगवान पर भरोसा रखो। कुछ ही देर बाद आपकी आँखो की पट्टियाँ खोली जाएंगी। आशा है आपकी आँखे भी आपके स्वास्थ्य की तरह बिलकुल ठीक होंगी। वैसे गुप्ता जी क्या आपको याद है कि जब आपकी आंखो को चोट पहूंची थी तो आप कहाँ थे?"

"हाँ, सर मैं जम्मू में था। (फिर कुछ सोचकर) तो क्या डाक्टर साहब मैं इस समय जम्मू में नहीं हूँ?"

"गुप्ता जी आपका इलाज सेना अस्पताल आदमपुर में हो रहा है और आप तीन महीने से यहीं हैं।"

आश्चर्य से, "क्या तीन महीने से!"

"हाँ गुप्ता जी तीन महीने से आप बेहोशी की हालत में थे।"

गुलाब मन में उतावलापन लिए, "डाक्टर साहब क्या मेरे घर वालों को मेरी खबर है?"

"उन तक खबर कैसे पहूँचती। आप को तो होश था नहीं और हमारे पास कोई रिकार्ड नहीं था कि आप कौन हैं। पाकिस्तान की उस बमबारी में सैकड़ों जवान जख्मी हो गए थे। उनको जल्दी-जल्दी इलाज के लिए जहाँ सम्भव हो सका अस्पतालों में भेज दिया गया और सभी तो बोल सकते थे। अतः उनके घर वालों को खबर कर दी गई थी परंतु आप के बारे में ऐसा सम्भव न हो सका।"

गुलाब अपने माथे पर हाथ रखकर रोते हुए, "हे भगवान तूने यह क्या किया। मेरी माँ तो मरने जैसी हो गई होगी जब उसे मेरी खबर न मिली होगी।"

डाक्टर कोहली ने गुलाब को रोते देख उसका ढांढस बढाते हुए, "सुनो सिंह रोना नहीं। थोड़ी देर में ही आपकी आँखो की पट्टियाँ खुलने वाली हैं। ऐसा न हो कि हमारी सारी मेहनत पर पानी फिर जाए तथा तुम भी हमेशा-हमेशा के लिए देख न पाओ। अतः अपने आप को सम्भालो। आप हमें अपने घर का तथा यूनिट का पता बताओ जिससे हम दोनों जगह सूचना भेज सकें कि आप हमारे पास सकुशल हैं।"

गुलाब का घर

दरवाजे पर दस्तक सुनकर माँ अनिता से कहती है, "देख तो बेटी अनिता दरवाजे पर कौन है?"

अच्छा कहते हुए अनिता बाहर जाकर पता करती है तो डाकिया उसे एक चिट्ठी देकर चला जाता है। अनिता पत्र पर लगी भारतीय वायु सेना की मोहर से समझ गई कि वह पत्र भाई गुलाब के बारे में ही होगा। उसका मन एक और किसी अंजान आशंका से भयभीत होने लगा तो दूसरी और खुशी से लबालब होता प्रतीत हुआ। उसने हिम्मत करके काँपते हाथों से पत्र को खोला तथा पढ़ने लगी। ज्यों ज्यों पत्र समाप्ति

की और बढ रहा था अनिता की खुशी बढ़ती जा रही थी। अंत में उसे अपने भाई गुलाब का चेहरा जैसे साक्षात नजर आने लगा। वह अपने भाई के ख्यालों में खो गई कि अचानक उसे अपनी माँ की आवाज सुनाई दी। वह खुशी में झूमती तथा उड़ती हुई सी चिल्लाती हुई माँ की तरफ दौड़ी, ''माँ माँ भाई का पता चल गया है। वह सकुशल है। देख-देख एयर फोर्स वालों की चिट्ठी आई है।''

अनिता ने आकर चिट्ठी अपनी माँ की गोदी में डाल दी। माँ पढ़ना लिखना तो जानती न थी फिर भी खुली चिट्ठी को उठाकर ऐसी नजरों से देखा जैसे उसने उसका सारा मजबून पढ़ लिया था। फिर उन्होंने उस चिट्ठी को अपने सीने से लगा कर आँखे बन्द कर ली और थोड़ी ही देर में बंद आँखो से खुशी के आँसू झर झर बहने लगे।

अचानक मुर्गे की बाग सुनकर गुलाब की तंद्रा टूट जाती है। वह अपनी पत्नी तोषी की ओर देखता है जो अभी भी उसके सीने पर अपना सिर टिकाए लेती उसकी बातें सुन रही थी, ''देखो शायद भौर हो गई है।''

''अरे सचमुच यह तो सुबह होने को है। बाहर कुछ धुंधलका हो रहा है तथा मुर्गा बांग भी दे रहा है। संतोष अलसाई सी उठते हुए, ''आपके रोचक एवं सस्पैंस भरे संस्मरण सुनने में पता ही न चला कि समय कब बीत गया।''

संतोष बाहर जाने को बढ़ना ही चाह रही थी कि गुलाब ने यह कहते हुए कि अभी तो दिन निकलने में काफी देर है फिर काम भी कुछ नहीं है इसलिए थोड़ी देर सो लो नहीं तो सारा दिन सुस्ती ही चढ़ी रहेगी, अपना हाथ बढ़ाकर बत्ती बुझा दी तथा लेटे ही लेटे संतोष को खींचकर अपने आगोश में भर लिया। सवेरे के धुंधलके में केवल चादर ही हिलती नजर आई।

XXIII

गुलाब के ड्यूटी पर चले जाने के दो दिनों बाद संतोष तथा उसकी सास बैठी हैं। कविता पास ही पड़े सोफे पर बैठी चादर पर कुछ काढ़ रही है।

सासः बहू थोड़ी मैदा गूंथ ले। ठाली बैठे-बैठे कुछ जवे ही तोड़ लेंगे।

अच्छा माँजी कहते हुए संतोष उठकर अन्दर चली जाती है। इतने में सोमनाथ अपनी माँ के पास आकर, "क्या कर रही हो माँ?"

"कुछ नहीं, बेटा। आ बैठ।"

"गुलाब तो चला गया उसके बिना भी सूना-सूना सा लगता है।"

"हाँ बेटा आदमी से ही रौनक होती है।"

सोमनाथ चारों और इधर-उधर देखकर, "गुलाब की बहू नजर नहीं आ रही। कहीं गई है क्या?"

"अभी-अभी अन्दर गई है। हम खाली बैठे थे। सोचा कि खाली बैठने से तो अच्छा है कि कुछ काम ही कर लिया जाए अतः मैंने मैदा गूँथ कर लाने को कहा है जिससे हम सब मिलकर जवे तोड़ लेंगे।"

"हाँ ठीक है माँ। वर्ना एक अकेली औरत के लिए इतना लम्बा दिन काटना भी तो मुश्किल पड़ जाता है। एक ब्याही औरत के लिए बिना आदमी के अकेले रहना भी तो बहुत बड़ी समस्या होती है। फिर फौजी आदमी को भी मजबूरी में ही अपनी पत्नी को पीछे अपने घर वालों के भरोसे पर ही छोड़ना पड़ता है। वैसे माँ, गुलाब अब कब तक आएगा।"

"कुछ बता कर नहीं गया कि अब उसका आना कब होगा। क्यों कुछ काम था क्या?"

सोमनाथ के मुहँ से गुलाब तथा उसकी पत्नी के बारे में मिठास भरे शब्दों से जानकारी लेना उसकी माँ के लिए असमंजस वाली बात थी। माँ ने आश्चर्य से कविता की ओर देखा तो पाया कि वह खुद भी उसी स्थिति में अपनी माँ की ओर निहार रही थी।

सोमनाथ ने अपनी बात जारी रखते अपनी माँ से जानना चाहा, "माँ, दिन में तो आप दुकान पर भाई ज्ञान चन्द के यहाँ चली जाती हो। तीनों बहनें स्कूल चली जाती हैं। आपकी बड़ी बहू बिमला अपने पीहर गई हुई है। ऐसे में पीछे से अगर उसे किसी चीज की जरूरत पड़ जाए तो वह क्या करेगी?"

"मैं कोई ज्यादा देर के लिए तो जाती नहीं हूँ। फिर संतोष जब अपने सभी कामों से निफराम हो जाती है मैं तभी जाती हूँ। (कुछ सोचकर) वैसे बेटा तू कहना क्या चाहता है?"

"मैं तो सोच रहा था कि मेरे और गुलाब में फर्क ही कितना है। बराबर के दिखते हैं। बल्कि देखा जाए तो गुलाब मेरे से पहले नौकरी लगा था।"

"सोम पहेली न बुझा। साफ-साफ एवं सरल शब्दों में बता कि तेरे मन में क्या है?"

"माँ मन की बात छोड़ो। मैं तो यह सोच रहा था कि गुलाब की बहू, अड़ी भीड़ में, अगर मेरे से बोल भी ले तो क्या....हर्ज है?"

माँ को जैसे अपने बेटे की मंशा पहले से ही मालूम थी अतः उसके वाक्य के पूरा होने से पहले ही तपाक से बोल पडी, "ना बेटा ना, मेरे होते तो ऐसा हो नहीं सकता।"

एक औरत (माँ) अपने दामाद एवं बहुओं के बारे में कुछ अधिक न जानती हों परंतु अपनी संतान की मनोदशा के बारे में, जिसे उसने जन्म दिया है तथा जिसको कड़ी मेहनत से पाल पोस कर बड़ा किया है, सब कुछ जानती है। वह जानती है कि उसका कौन-सा बच्चा किस प्रवृति का है। वह यह भी अन्दाजा लगा लेती है कि जो वह बात कर रहा है उसकी आगे चलकर उस बारे में क्या रणनीति होगी। सोम के मन की भविष्य की प्लान को भाँपते हुए ही उसकी माँ ने एकदम से अपना फैसला सुना दिया था।

"माँ इसमें हर्ज ही क्या है", सोमनाथ ने एक बार फिर अपनी बात मनवाने की कोशिश करते हुए कहा।

"बेटा हमारा समाज इस बात को नहीं स्वीकारता कि छोटे भाई की बहू अपने जेठ के सामने मुहँ खोले। जेठ का नाता ससुर के नाते से भी बड़ा माना जाता है। और फिर ऐसी कौन सी मुसीबत आ खड़ी हुई है कि छोटी बहू का अपने जेठ के साथ बोलना जरूरी हो गया है।"

अपनी मनोइच्छा को पूरा होते न देख सोमनाथ खिस्या कर बोला, "माँ आप तो पूरी रामायण ही बखान करने लगी। मैं तो बस यूं ही कह रहा था कि इसमें हर्ज ही क्या है।"

"बेटा अभी ऐसी तो कभी परिस्थिति आई नहीं कि संतोष को मेरे पीछे से किसी चीज की जरूरत महसूस हुई हो। मान लो अगर आगे कभी ऐसी समस्या आ भी गई तो देखा जाएगा।"

"अच्छा माँ मैं चलता हूँ। वैसे आप संतोष को कह देना कि अगर पीछे से उसे किसी वस्तु की आवश्यकता पड़े तो बे-झिझक मुझ से कह दे तथा किसी प्रकार की हिचकिचाहट न करे।"

माँ अपने बेटे सोमनाथ को जाते देखती रही। कुछ सोचती रही। फिर न जाने क्यों उनका बदन सिहर उठा और इसके साथ ही कुछ बुदबुदाते हुए उनके दोनों हाथ भगवान की स्तूति में जुड़ गए।

XXIV

अगले दिन प्रत्येक दिन की तरह दोपहर के बारह बजे के लगभग संतोष की सास ने नीचे से आवाज लगाई कि वह दरवाजा बन्द कर ले क्योंकि वे (सास) दूकान पर जा रही हैं। सास की आवाज सुनकर संतोष अच्छा माता जी कहती हुई नीचे आई।

"बहू चौकस रहना मैं जल्दी ही आ जाऊंगी।"

"ठीक है माता जी। वैसे मुझे यहाँ भला किसका डर है।"

आज माँ के मन में किसी अज्ञात आशंका ने डेरा डाल रखा था। वह संतोष से तो साफ-साफ कुछ कह नहीं सकती थी अतः चलते-चलते केवल इतना ही कहा, "तू मेरे सामने ही दरवाजा बन्द कर ले तथा ऊपर चली जा।"

आज माँ की बातों के कहने के लहजे से संतोष को काफी अचरज हुआ। वह इतना तो अवश्य जान गई कि आज माँ के मन में कोई भारी दुविधा है परंतु यह जानना कि वह क्या है उसके सामर्थ्य से बाहर था।

खैर उसने अपने विचारों में खोए तथा सास की आज्ञा का पालन करते हुए अन्दर से दरवाजा बन्द कर लिया।

ऊपर आकर अपने कमरे में बिस्तर पर लेट गई। उसके करने को कुछ तो था नहीं इसलिये सामने मेज पर रखे गुलाब के फोटो को ही निहारने लगी। धीरे-धीरे संतोष ने वह फोटो अपने वक्ष पर रख लिया तथा हाथ बढ़ा कर रेडियो ऑन कर दिया। रेडियो पर प्रसारित हो रहे गाने 'छोड़ गए बालम मुझे हाय अकेला छोड़ गए' के बोल कमरे में गूंजने लगे। गाने के शब्दों ने संतोष के मन पर काफी गहरा असर किया। उन्हें सुनकर पहले तो संतोष की आँखे भर आई फिर मोती नीचे टपकने लगे। उसके बाद सब्र का बाँध ऐसा टूटा कि वह सुबक-सुबक कर रो पड़ी।

अचानक उसे महसूस हुआ जैसे नीचे दरवाजे पर कोई दस्तक दे रहा है। संतोष ने अपने आप को सम्भाला तथा कौन है कहती हुई ऊपर से नीचे देखने के मकसद से छज्जे पर आ गई। गली में थोड़ी दूर उसका जेठ सोमनाथ संतोष को छज्जे पर देखकर ओट में होने की कोशिश करते हुए नजर आया। इससे पहले कि संतोष अपने जेठ की प्रतिक्रिया के बारे में कुछ सोच पाती दरवाजे पर फिर दस्तक हुई। उसने नीचे झांक कर देखा तो उनका किराएदार अनोखे लाल किवाड़ खोलने को कह रहा था। वह नीचे गई और दरवाजा खोल आई।

संतोष ऊपर आकर बाहर के कमरे की चटकनी लगा कर अन्दर वाले कमरे में जाकर लेट जाती है। थोड़ी देर बाद उसे नीचे धम्म से कुछ गिरने की आवाज सुनाई देती है।

धम्म की आवाज की परवाह न करते हुए वह गुलाब की फोटो लेकर उसे निहारने लगती है। अचानक उसे फिर दस्तक सुनाई देती है। ध्यान से सुनने पर पता चलता है कि इस बार दस्तक उसके कमरे के दरवाजे पर ही हो रही थी। उसका मन एकदम काँप उठा। वह सोचने लगी कि इस भरी दोपही में आखिर कौन हो सकता है जो मेरे कमरे का दरवाजा थपथपा रहा है। उसे आज सुबह कहे अपनी सास के वे शब्द याद आ गए कि बहू चौकस रहना....। फिर अभी कुछ देर पहले उसने अपने जेठ

सोमनाथ को भी औट में छुपते देखा था। संतोष ने ताना बाना बुनने की बहुत कोशिश की परंतु सफल न हो सकी। इतने में दरवाजे पर फिर दस्तक हुई।

संतोष ने साहस बटोरते हुए, ''कौन है?''

''मैं हूँ भाभी जी, अनोखे लाल।''

अनोखे की आवाज सुनकर संतोष का शरीर पसीने-पसीने हो गया था। वह यह सोचकर थर-थर काँपने लगी कि इस शिखर दोपहरी में उसका आने का क्या प्रयोजन हो सकता है जबकि वह घर पर अकेली थी। फिर भी अपने अन्दर धैर्य का संचार करते हुए संतोष ने बुलन्द आवाज में पूछा, ''क्या बात है?''

''मेरा पानी का घड़ा गिर कर टूट गया है अतः मुझे पीने के लिए एक गिलास पानी चाहिए था।''

संतोष अपने मन को सम्भालते हुए तथा किसी अप्रिय अनहोनी घटना से निपटने के लिए एक हाथ में अपना कपड़े धोने का सोटा अपनी कमर के पीछे छिपा लेती है तथा दूसरे हाथ से किवाड़े की चटकनी खोलती है। सामने अनोखे लाल खड़ा था।

अनोखे लाल अपने चेहरे पर एक कटू मुस्कान लाते हुए, ''भाभी जी बहुत प्यास लगी है।

जैसे जान ही निकल जाएगी। जल्दी दे दो।''

''सामने से हटो, पानी बाहर रसोई में है, देती हूँ।''

भाभी जी जल्दी करो कहता हुआ अनोखे लाल एक तरफ होने की बजाय चेहरे पर एक कड़वी मुस्कान लिए अन्दर की तरफ आने लगा। संतोष तो पहले से ही चौकन्नी तथा तैयार थी। ज्यों ही अनोखे का पहला कदम आगे बढा कि सोटे का एक भरपूर वार उसकी कनपटी पर पड़ा। वह इसके लिए तैयार न था। अतः अचानक हुए इस वार को वह झेल नहीं पाया तथा फर्स पर गिर कर तड़पने लगा। संतोष को मौका मिल गया। उसने आव देखा न ताव दो चार सोटे और जड़ दिये तथा जल्दी

से पलट कर कमरे का दरवाजा अन्दर से चटकनी लगाकर बन्द कर लिया।

यह सब इतनी जल्दी हो गया जिसकी अनोखे सपने में भी उम्मीद नहीं कर सकता था उसने अपने को बेकसूर साबित करने के लिए बाहर से ही कहा, "भाभी जी मेरे मन में कोई पाप नहीं है। मुझे माफ कर देना। मुझे तो बलि का बकरा बनाया गया है। मेरे माध्यम से कोई और ही अपना उल्लू सीधा करना चाहता था। यह मेरी मुर्खता ही रही कि मैं बहकावे में आ गया।"

अन्दर संतोष की सांसे धौकनी की तरह चल रही थी। वह पसीने से नहा सी गई थी। उसने बाहर की आवाज को सुनने की शक्ति खो दी थी। उसे नहीं पता कि अनोखे कब नीचे गया। संतोष जब थोड़ी शाशवत हुई तो अचानक उसे अपने जेठ की याद आई। वह धीरे से उठकर अपने कमरे की बाल्किनी में छुपकर बाहर का नजारा परखने लगी। अनोखे अपनी अटैची तथा जो थोड़ा बहुत सामान लिए हुए गली में जाता दिखाई दिया। संतोष के जेठ ने छुपकर अनोखे को बुलाने की कोशिश की परंतु अनोखे ने उसे अनदेखा करते हुए अपनी गर्दन नीची किए हुए शायद चुपचाप निकल जाना ही बेहतर समझा। इसलिए वह बुत की तरह चलता हुआ आँखो से ओझल हो गया।

थोड़ी देर बाद संतोष को जेठ घर में आया तथा चुपचाप ऊपर आकर अपने कमरे में लेट गया जैसे वह संतोष के साथ घटी घटना के बारे में बिलकुल अनभिज्ञ था। संतोष का मन उनके प्रति द्वेष एवं घृणा से भर गया। संतोष सोच में पड़ गई कि वह इस घटना के बारे में अपनी सास से कोई जिक्र करे या न करे। इसी उधेड़ बुन में उसको नींद आ गई। शाम के चार बजे के लगभग एक बार फिर संतोष के कमरे के दरवाजे पर दस्तक हुई। वह पहली दस्तक से जो अनोखे लाल ने की थी बहुत भयभीत होकर सोई थी अतः इस दस्तक ने उसे हडबड़ाहट उठने पर मजबूर कर दिया। वह जायजा लेने के लिए कि कौन हो सकता है कुछ देर तक निस्तब्ध बैठी रही। उसकी सास ने दरवाजा न खुलते देख एक

बार फिर किवाड़ खटखटाया। अब तक संतोष अपने अन्दर कुछ साहस बटोर चुकी थी अतः पूछा, "कौन है?"

"मैं हूँ, मैं बहू, तेरी सास! क्या बात है आज सोती ही रहेगी?"

"आई माता जी", कहती हुई संतोष दरवाजा खोल देती है।

"क्या बात है बहू, ठीक तो है न?"

"हाँ माता जी मैं ठीक हूँ बस थोड़ा सा सिर दुख रहा था।"

सास बाहर जाने के लिए मुड़ने का प्रयास करते हुए, "सिर दर्द की गोली ला देती हूँ।"

"माता जी गोली की कोई जरूरत नहीं। हल्का सा दर्द है अपने आप ठीक हो जाएगा।"

लीलवती ने रूककर, "खैर जरूरत हो तो बता देना मैं अभी यहीं हूँ ला दूंगी।"

संतोष को उनके बोलने के लहजे से अन्दाजा हो रहा था कि उसकी सास के जहन मे कोई प्रश्न घूम रहा है। और उसका सोचना सही निकला जब उसकी सास ने पूछा, "अच्छा एक बात बता?"

संतोष अन्दर ही अन्दर काँपते हुए, "क्या माता जी?"

"नीचे जो किराएदार अनोखे रहता था उसका मटका फूटा पड़ा है तथा उसका सामान भी नहीं है। क्या वह चला गया है?"

"माता जी, मुझे क्या पता?"

"सोमनाथ कह रहा है कि वह जब स्कूल से आया था तो वह यहीं था। अचानक उसे क्या हो गया कि वह बिना बताए ही कमरा खाली करके चला गया। (सास पहले तो अपने मन में बड़बड़ाते हुए फिर संतोष से) सुबह जब मैं गई थी तो उसका सारा सामान यहीं था तथा तुमने अन्दर से किवाड़ बन्द कर लिए थे। फिर अन्दर से सामान कैसे चला गया?"

"वह स्कूल से आ गया था तथा मैं किवाड़ खोलकर उपर आ गई थी। इसके बाद मुझे पता नहीं कि क्या हुआ।"

सास कुछ सोचकर तथा अपनी तरफ से कड़ी को जोड़ते हुए, "परंतु जब मैं आई थी तो पोली (बैठक) के किवाड़ अन्दर से बन्द थे तथा सोमनाथ ने खुले थे।"

संतोष ने अपनी सास से कह तो दिया था कि वह इस बारे में कुछ नहीं जानती परंतु जब उसने देखा कि उसकी सास इस बारे में बहुत बारीकी से छान-बीन कर रही है तो वह अन्दर ही अन्दर बहुत डरने लगी।

सास अपने बेटे के कमरे में जाकर, "सोम बेटा क्या अनोखे तेरे सामने गया है?"

सोमनाथ अनजान बनते हुए तथा आश्चर्य जताते हुए, "क्या! अनोखे चला गया?"

सोमनाथ यह जताने के लिए कि वास्तव में ही उसे कुछ पता नहीं, अपने बिस्तर से उठकर चौंक के जाल से नीचे झांकता है। परंतु उसके चेहरे की उड़ती हवाईयाँ माँ की तजुर्बेदार आँखो से छुप न सकी। माँ ने समझ लिया कि उसका लड़का झूठ बोलकर उससे कुछ छुपाने की कोशिश कर रहा है।

"सोम क्या स्कूल से आकर तूने किवाड़ बन्द किए थे?"

"हाँ माँ बंद तो मैंने ही किए थे।"

तो क्या किवाड़ बन्द करते हुए तुझे दिखाई नहीं दिया कि अनोखे का कमरा खुला पड़ा है?"

सोम झेंपते हुए ,"माँ मैं बहुत थका हुआ था। मेरा इस ओर ध्यान ही नहीं गया।"

संतोष अपने कमरे के दरवाजे की औट में खड़े होकर माँ बेटे के बीच हो रहे वार्तालाप को सुन रही थी। उसके मन में रह-रह कर आ रहा था कि वह अपने जेठ सोमनाथ की पोल खोल दे परंतु वह ठिठक कर रह गई क्योंकि उसने अपनी सास से कह दिया था कि वह अनोखे के बारे में कुछ नहीं जानती। दूसरे उसका पति घर पर नहीं था तथा वह कुछ दिनों से अकेले रह रही थी। वह यह सोचकर चुप रही कि उसके मुहँ खोलने से न जाने उसके ऊपर क्या लांछन लगा दिया जाए।

माँ अविश्वास की नजरों से सोमनाथ की ओर देखती हुई वापिस संतोष के कमरे में आ गई। सास ने संतोष से कुछ कहा नहीं परंतु अब माँ ने अपना अधिक से अधिक समय संतोष के पास ही बिताना शुरू कर दिया था।

XXV

देवलाली महाराष्ट्र के नासिक जिले में एक रमणिक स्थान है। यह एक हिल स्टेशन का दर्जा भी रखता है क्योंकि यहाँ का मौसम भी पहाड़ी इलाकों की तरह पूरे वर्ष बहुत सुहावना रहता है। गुलाब आजकल यहीं पर तैनात था। बम्बई की एयर फोर्स की डिपो बन्द हो गई थी तथा उसका सामान देवलाली की डिपो में आ रहा था। गुलाब वहाँ इंस्पैक्शन टीम का सदस्य था अतः आने वाले हर सामान की शिनाख्त करके उसे यहाँ की डिपो के खाते में लेना पड़ता था। काम इतना अधिक था कि दिन में 18-18 घंटे काम करना पड़ता था। वैसे अब काम समाप्ति पर था।

एक दिन वह थका मादा काम से वापिस आया तो उसे अपने बिस्तर पर एक पत्र रखा हुआ मिला। पत्र का ऊपर से मुआयना करने पर वह समझ न सका कि पत्र कहाँ से आया था तथा किसने भेजा था। क्योंकि जिस ढंग से उस पर पता लिखा था उस ढंग से आजतक किसी ने भी नहीं लिखा था। पत्र के भेजने वाले के बारे में भी केवल इतना लिखा था "आपका भतीजा"। पता उसका ही था अतः गुलाब ने पत्र खोल लिया। पत्र के अन्दर की लिखाई को देखकर भी गुलाब को शंका हुई कि कहीं यह पत्र किसी और का तो नहीं क्योंकि उसकी समझ में नहीं आया कि वह पत्र किसका था। यहाँ भी उसके नीचे वहीं लिखा था "आपका भतीजा" खैर उसने पढ़ना शुरू किया, लिखा था।

आदरणीय चाचा जी,

नमस्ते। आपको जान कर दुख होगा कि यहाँ सब कुछ ठीक नहीं चल रहा। आपके न रहने से चाची जी बिना लगाम की घोड़ी के जैसा व्यवहार

करती हैं। वे आजकल मौहल्ले में चर्चा का विषय बनी हुई हैं। अगर अभी शुरू में ही उन पर अंकुश न लगाया गया तो उनके हौंसले बुलन्द हो जाएँगे तथा आपको पछताना पड़ेगा। मेरा बताने का फर्ज था अतः लिख दिया आगे आप खुद समझदार हो।

आपका भतीजा।

....

ज्यो-ज्यों पत्र पढ़ता गया गुलाब का शरीर पसीने से लथपथ होता गया। वह सोचने लगा कि अभी तो पंद्रह दिन पहले वह घर से आया है। अभी तक के व्यवहार से ऐसा कोई आभास नहीं लगा था कि संतोष ऐसा कुछ कर सकती है जो हमारे खानदान के नाम को बट्टा लगने का अन्देशा होता तथा उसे खुद को नीचा देखना पड़े। संतोष एक शरीफ खानदान की एक शरीफ लड़की थी। गुलाब को भरोसा था कि वह कोई ऐसी नीच हरकत नहीं करेगी जिससे कोई उसकी तरफ उंगली उठाने की भी जुर्रत कर सके। परंतु यह सब पत्र में क्या लिखा था। उसे मिला पत्र तो कुछ और ही ब्यान कर रहा था।

कोई और होता तो ऐसा पत्र पढ़कर अपना आपा खो बैठता परंतु इसके विपरीत गुलाब ने अपना संयम नहीं खोया। अलबत्ता उसकी आँखों के सामने संतोष का मासूम एंव भोला भाला चेहरा घुमने लगा। उसके मन में एक आशंका ने जन्म ले लिया कि कहीं संतोष को बदनाम करके तथा लांछन लगाकर अपने राह के रोड़े को तो हटाना नहीं चाह रहा है वह यह सोचकर पूरा का पूरा काँप कर रह गया कि शायद एक अकेली अबला पर मेरे पीछे से न जाने क्या-क्या जुल्म ढाए जा रहे होंगे, क्या क्या कटाक्ष उसे सुनने को मिल रहे होंगे। वह बेचैन हो उठा। आखिर उसने निष्कर्ष लिया और छुट्टी लेकर घर के लिये रवाना हो गया।

हालाँकि घर से एक अनजान भतीजे का पत्र पा कर गुलाब का मन विचलित हो गया था परंतु रेलगाड़ी में बैठने के बाद उसने अच्छी तरह सोच विचार किया। संतोष के मिले पत्र से साफ जाहिर था कि वह बदनामी से कितना डरती है। अपने घर की, जिससे वह अभी-अभी जुड़ी

थी, कोई बदनामी न हो तो तभी तो उसने करूणा के बारे में शोर न मचाकर चुपके से मुझे लिखा है कि उसके बहकने वाले कदमों पर जितना जल्दी अंकुश लगा दिया जाए उतना बेहतर होगा। अगर संतोष ऐसी वैसी होती, जैसा उसके बेनाम भतीजे ने लिखा है, तो वह वक्त एवं मेरी गैर मौजूदगी का फायदा उठाकर अपनी नन्द करूणा का साथ देना ही बेहतर समझती। अब यह भी तो मुमकिन है कि संतोष को चरित्रहीन बताकर उसकी आड़ में कोई अपना ही उल्लू सीधा करना चाहता हो। गुलाब को अपनी पत्नि संतोष के चरित्र पर लेंस मात्र भी शंका नहीं थी। अतः उसने निश्चय कर लिया कि वह घर जाकर पहले पूरी स्थिति का जायजा लेगा तथा उसके बाद ही कुछ कार्यवाही करेगा।

संतोष लेटे हुए गुलाब की छाती पर अपना सिर रख कर धीरे-धीरे रो रही है। गुलाब प्यार से उसकी पीठ तथा सिर पर हाथ फेरता हुआ उसे चुप कराने की कोशिश कर रहा है। परंतु संतोष है कि चुप होने का नाम ही नहीं ले रही। जब संतोष के अन्दर का सारा लावा निकल चुका तो वह शांत हुई तथा बोली, ''मैं अब यहाँ अकेली नहीं रहूँगी।''

''तुम यहाँ अकेली कब थी। सभी तो थे यहाँ तुम्हारे साथ। मतलब मेरी माँ, बहन, भाई इत्यादि। अकेला तो मैं वहाँ रह रहा हूँ।''

''मेरा मतलब है कि आपके बिना अब मैं यहाँ नहीं रहूंगी।''

''क्यों अचानक क्या बात हुई?

''बस यूँ ही। वैसे आप तो जानते होंगे कि एक अकेली औरत को यह समाज किस निगाह से देखता है। मुझे लगता है कि जैसे पुरुषों की भूखी नजरें मुझ पर गड़ी रहती हैं। स्त्रियों की शंकित निगाहें मेरा पीछा करती है। कई अपने मजाक के बहाने मेरे नजदीक आने की कोशिश करते हैं। मुझे महसूस होता है कि कई तो अपनों में से ऐसे भी हैं जिनकी लालायित आँखे मुझे अपनी हवस का शिकार भी बनाना चाहती हैं। अतः मुझे आपके बिना यहाँ रहना अच्छा नहीं लगता।''

संतोष ने अपने पति के सामने अपना मन उडेल कर रख दिया था। उसकी निडरता पूर्ण कहने के लहजे से ही गुलाब समझ गया था कि

संताोष बिलकुल पवित्र है तथा उस पर अपनों में से ही कोई लांछन लगाने की कोशिश कर रहा है। न तो गुलाब ने ही उसे पूछने की जरूरत समझी तथा न ही संतोष ने साफ-साफ बताया कि वह कौन था।

वैसे गुलाब ने अपने संयुक्त परिवार में 17 साल गुजरे थे अतः वह इतना तो अनुमान अवश्य लगा सकता था कि उसमें कौन ऐसा था जो इतनी नीच हरकत कर सकता है। चाह कर भी वह इस बारे में कोई बवंडर न खड़ा कर सका क्योंकि उसकी अपनी पत्नि तथा उसके खानदान की इज्जत दाँव पर थी। इस घटना से गुलाब के मन में संतोष के प्रति विश्वास और गाढ़ा हो गया।

गुलाब ने कुछ सोचकर, "देखो मुझे अभी तक शादी करने की भी इजाजत नहीं मिली है तो बताओं मैं तुम्हें अपने साथ कैसे ले जा सकता हूँ?"

"मुझे आपके बिना यहाँ एक पल भी नहीं रहना।"

बहुत समझाने पर भी जब संतोष साथ जाने के लिए अड़ी रही तो गुलाब ने हथियार डाल दिए तथा संतोष को अपने साथ ले जाने का मन बना लिया।। देवलाली एक पहाड़ी इलाका था तथा हनीमून मनाने के लिये एक उपयुक्त स्थान भी। परंतु गुलाब अपनी पत्नि के साथ अभी वहाँ नहीं जा सकता था क्योंकि उसे तो अभी शादी की मंजूरी भी नहीं मिली थी। शादी करने से पहले गुलाब और उसके कमानडिंग आफिसर के बीच इस मामलें में काफी बहस हो चुकी थी। अब स्थिति पर बहुत सोच-विचार करने के बाद वह इस निष्कर्ष पर पहुंचा कि ओखली में सिर दिया तो धमाकों का क्या डरना।

इसी आशय के मद्देनजर गुलाब ने एक और टेलीग्राम अपने कमांडिग आफिसर को भेज दिया, "शादी सम्पन्न हो गई है कृपा पत्नि को साथ रखने की अनुमति प्रदान करें।"

हालांकि गुलाब ने टेलीग्राम तो दे दिया था परंतु जवाब उसे वही मिला जिसकी उसे आशा थी," जब शादी करने की मंजूरी ही नहीं दी गई

तो पत्नि रखने की मंजूरी कैसे मिल सकती है। अतः आपकी दोनों मांगे ना मंजूर की जाती हैं।"

उत्तर पाकर गुलाब मन ही मन अपने कमांडिग आफिसर की नासमझी पर बहुत हँसा। क्योंकि उसने टेलीग्राम में लिखा कि शादी सम्पन्न हो गई है फिर भी उसे जवाब मिला था कि शादी की मंजूरी नहीं दी जाती।

फौजी लोगों में एक खाशियत होती है। अगर वे किसी बात पर अड़ जाएँ या किसी बात का निश्चय कर लें तो फिर पीछे मुड़कर नहीं देखते। उन्हें अंजाम की कोई चिंता नहीं रहती। वे अपने लक्ष्य को पूरा करके ही दम लेते हैं। शायद यही कारण था कि गुलाब अपनी बात पर अडिग था तथा उसका आफिसर कमांडिग अपनी बात पर। परंतु दोनों की अथोर्टियों में जमीन आसमान का फर्क था। एक यूनिट के कमाडिंग आफिसर के पास पूरी अथोरीटी होती है तथा वह अपनी सूझ बूझ का खुद मालिक होता है। उसके किए को यूनिट में कोइ भी नकार नहीं सकता तथा न ही उसका विरोध कर सकता। परंतु गुलाब जानता था कि हर चीज की कुछ मर्यादा होती है, सीमा होती है। हर व्यक्ति का शादी करना उसका जन्म सिद्ध अधिकार होता है। अतः उसने शादी करके कोई गुनाह नहीं किया था और न ही अपनी पत्नि को साथ रखना कोई गुनाह है।

हालाँकि फौज के कुछ नियम ऐसे हाते हैं कि यूनिट का कमांडिंग आफिसर किसी भी जवान की अर्जी को नामंजूर कर सकता है परंतु ऐसा करने के लिए उसे भी कुछ कारण दिखाने पड़ते हैं। इस समय ऐसे कोई कारण नहीं थे कि गुलाब को शादी के लिए मंजूरी न दी जाए। बस आफिसर कमांडिंग का अहम उसके आड़े आ रहा था। गुलाब को भी "जिद" एयरफोर्स की देन थी। अतः वह बिना मंजूरी के अपनी पत्नि को साथ लेकर अपनी यूनिट, देवलाली, पहूँच गया।

गुलाब एक अच्छे खाते-पीते घर का था इसलिए उसे अतिरिक्त भत्ते की कोई खास चिंता नहीं थी जो एक फैमली के साथ रहने वाले जवान को मिलता है। वह बिना अनुमति लिए अपनी पत्नि के साथ सिविल इलाके में रहने लगा। उसके दिन खुशी-खुशी व्यतीत होने लगे।

इस दुनिया में हर प्रकार के व्यकित होते हैं। कुछ ऐसे ही व्यक्तियों ने जो दूसरों को सुख चैन की जिन्दगी व्यतीत करते हुए नहीं देख सकते, गुलाब के कमाडिंग आफिसर को चुगली कर दी कि वह अपनी पत्नि के साथ, बिना मंजूरी हासिल किए, सिविल इलाके में रह रहा है। इस पर गुलाब की पेशी हो गई।

गुलाब को सामने देख आफिसर ने सीधा प्रश्न किया" क्या तुम पत्नि के साथ रह रहे हो?"

गुलाब ने बिना किसी झिझक के जवाब दिया "हाँ सर।"'

"क्या तुमने लिविंग आऊट" पत्नि के साथ बाहर रहने की मंजूरी ले ली है?"

गुलाब ने निर्भीकता से कहा " नहीं सर। परंतु घर से चलने से पहले मैंने आपको टेलीग्राम देकर सूचित कर दिया था कि मैं अपनी पत्नि के साथ आ रहा हूँ। आपको मेरा टेलिग्राम मिल गया होगा?"

आफिसर जल भुनकर, "क्या तुम्हारा सूचित करना ही काफी है? तुम अपने को समझते क्या हो? मैं चाहूँ तो अभी तुम्हें जेल में डाल सकता हूँ। तुम्हारा रिकार्ड खराब कर सकता हूँ। तुम आज ही अपनी पत्नी को वापिस घर भेज दो क्योंकि मैं तुम्हे टैम्परेरी ड्यूटी पर बाहर भेजना चाहता हूँ।" गुलाब ने जले पर नमक छिड़कने का काम किया, "साहब मेरी इस वर्ष की सारी छुट्टीयाँ समाप्त हो चुकी हैं।"

आफिसर शायद अपनी जिद को पूरा करने के लिए " इसके लिए मैं तुम्हें 10 दिनों की स्पेशल छुट्टियाँ प्रदान कर देता हूँ।"

गुलाब यह जानते हुए कि आगे बहस करना बेकार है, ध्न्यवाद कहता हुआ आफिसर के कमरे से बाहर निकल जाता है।

गुलाब ने घर आकर अपनी पत्नि से विचार विमर्श किया तथा निश्चय किया कि वह 10 दिनों की छुट्टियाँ, जो उसे अपनी पत्नि को घर छोड़ आने के लिए मिली थी, वहीं रहकर आराम से बिताएगा।

10 दिनों बाद

जब गुलाब छुट्टियाँ बिताकर वापिस अपनी ड्यूटी पर आया तो आफिसर ने उससे पूछा " क्या अपनी पत्नि को घर छोड़ आए।"

आफिसर जैसे गुलाब की हाँ सुनाने की इंतजार में था बिना कुछ सोचे समझे एकदम हुक्म देकर बोला "अब मेरे हुक्म, शादी की मंजूरी न लेने, की अवहेलना करने के जुर्म में मैं तुम्हें सजा देता हूँ। तुम्हे रोज सुबह बन्दूक को सिर के ऊपर उठाकर तथा कमर पर पिट्ठू लादकर दो मील दौड़ लगानी होगी। जाओ।"

अपने आफिसर की भूल को सुधारने के लिहाज से अस्सिटैंट ने धीरे से उसके कान में कहा "सर माफ करना, यह गुलाब एक कार्पोरल है सर। इसे कानून के अनुसार शारीरिक यातनाएं नहीं दी जा सकती। केवल इसकी रिकार्ड बुक में ही दर्ज किया जा सकता है सर।"

आफिसर ऐसी बात सुनकर गुस्से में मेज पर जोर से मुक्का मारते हुए तथा गुलाब की ओर इशारा करते हुए "गेट आऊट बाहर निकल जाओ।"

गुलाब कमाडिंग आफिसर के कमरे से बाहर तो आ गया परंतु उसे चिंता होने लगी कि अब उसकी हर चाल पर सख्त निगरानी रखी जा सकती है अतः उसे अधिक सतर्कता से रहना होगा। कहते हैं जहाँ चाह वहाँ राह। गुलाब की सहायता के लिए एयरफोर्स देवलाली के सरकारी मकान आवँटन करने वाले महकमें का एक क्लर्क, महेंद्र यादव, बहुत सहायक सिद्ध हुआ। उसने गुलाब को एयरफोर्स में एक सिविल अधिकारी के मकान में एक कमरा किराए पर दिलवा दिया। गुलाब को केवल एक एतियात बरतनी थी कि वह भूल कर भी उस इलाके में यूनिफार्म पहन कर ना जाए। महेंद्र यादव की वजह से गुलाब ने एक साल बहुत सुखमय जीवन व्यतीत किया।

इसके बाद 23 जनवरी 1970 को गुलाब के पिताजी श्री राम नारायण गुप्ता का स्वर्गवास हो गया। वह जब अपने पिता की क्रिया के लिए घर आया हुआ था तो उसके कमाडिंग आफिसर ने इसकी जाँच के आदेश दे दिए।

अपने कमाडिंग आफिसर की नीचता की सोच को महसूस करते हुए गुलाब का मन उसके प्रति घृणा से भर गया। हालांकि वह मन बनाकर आया था कि अपनी पत्नि को कुछ दिनों के लिए घर छोड़ आएगा परंतु उसके कमाडिंग आफिसर के व्यवहार ने उसको अपना इरादा बदलने पर मजबूर कर दिया क्योंकि वह भी हार मानने वालों में से नहीं था। गुलाब ने अपने कमाडिंग आफिसर के नाम एक और पत्र डाल दिया जिसमें उसने अपनी यूनिट में पत्नि के साथ रहने की अनुमति प्रदान करने की आज्ञा माँगी। जवाब की प्रतिक्षा का समय समाप्त होने के बाद गुलाब अपनी पत्नि को साथ लेकर एक बार फिर देवलाली पहूँच गया। यूनिट पहुँचने पर, जैसी उसे आशा थी, उसे खबर मिली कि उसे पत्नि के साथ रहने की अनुमति नहीं दी गई थी। गुलाब फिर भी पहले की तरह चोरी छुपे अपनी पत्नि के साथ रहने लगा। इस तरह रहने में काफी खतरा था अतः इस का अंत करने के लिए गुलाब ने एक प्लान बनाया। गुलाब ने अपनी पत्नि के हाथ से एक पत्र लिखवाया।

प्रियतम,

पूज्य पिताजी के स्वर्गवास के उपरांत मुझे यहां सूना-सूना सा प्रतीत होता है। आपके तीनों बड़े भाई अपने-अपने परिवार की देखभाल में ही व्यस्त रहते हैं। पूज्य माता जी भी अपना समय अपने बेटों के यहाँ थोड़े-थोड़े समय बैठ कर काट लेती हैं परंतु मेरे लिए यहाँ क्या है? दिन किसी तरह काट लेती हूँ तो रात का सन्नाटा एवं सुनापन काटने को दौड़ता है। अब मैं यहाँ अकेली नहीं रह सकती। अतः आपसे निवेदन है कि फरवरी के अंत तक आप मुझे लेने आ जाओ अन्यथा 2 मार्च को आप मुझे देवलाली स्टेशन पर लेने आ जाना। मैं पंजाब मेल से पहुँच जाऊँगी।

आपकी

संतोष

यह पत्र गुलाब ने अपने एक साथी को दे दिया, जो छुट्टी पर जा रहा था। गुलाब ने अपने दोस्त को हिदायत दी कि वह उस पत्र को देहली

जाकर पोस्ट कर दे। पत्र मिलने पर गुलाब ने वह पत्र ले जाकर अपने कमाडिंग आफिसर की मेज पर रख दिया।

आफिसर ने पत्र को देखकर पूछा " यह क्या है?"

"सर, एक पत्र"।

"किसका है?"

"तब मुझे क्यों दे रहे हो?"

"क्योंकि इस में जो लिखा है उसके बारे में मैं कुछ नहीं कर सकता।"

"ऐसा इस पत्र में क्या लिखा है?"

"आप कह रहे हों कि यह पत्र तुम्हारी पत्नी ने लिखा है तो भला मैं तुम्हारी पत्नि का पत्र क्यों पढ़ सकता हूँ"?

गुलाब ने बात साफ करते हुए कहा "क्योंकि जो इस पत्र में लिखा है वह समस्या केवल आप ही सुलझा सकते हैं।"

आफिसर पत्र खोलकर पढ़ता है। पत्र समाप्त होने पर वह मन ही मन बड़बड़ाता है सी-इन-सी के आगमन पर यह कहीं कोई बखेड़ा न खड़ा कर दे। अगर उनके आगमन पर इसने उनके साथ साक्षात्कार के लिए अर्जी डाल दी तो मेरी मुसीबत आ जाएगी।

यह सब सोचकर वह अचानक उछलकर खड़ा हो जाता है जैसे उसे कोई करंट लग गया हो। "नहीं नहीं! अपनी पत्नि को लिख दो कि वह यहाँ न आए। मैं तुम्हें उसके साथ रहने की अनुमति नहीं दूँगा।"

गुलाब जैसे पहले से ही जानता हो " मैं जानता हूँ कि आप मुझे मेरी पत्नि के साथ रहने की अनुमति नहीं देंगे इसीलिए तो ये पत्र मैं आपके पास लाया हूँ। क्योंकि अब आप ही इस बारे में कुछ कर सकते हैं।

आफिसर ने गुलाब के कहने से महसूस किया कि वह अपनी जिम्मेदारी उसके सिर पर लाद रहा है तो वह हड़बड़ा कर अपनी कुर्सी से उठ कर खड़ा होते हुए बोला, "क्यों क्यों! मैं इस बारे में क्या कर सकता हूँ?

गुलाब बड़ी मासूमियत से "सर, मैं आपको बताने वाला कौन होता हूँ कि आपको क्या करना है या आप क्या कर सकते हैं मैं तो बस। आप तो अपनी मर्जी के मालिक हैं। इतना बताना चाहता हूँ कि मैं अपनी पत्नि को स्टेशन पर लेने नहीं जा रहा। इस पत्र के अनुसार वह 2 मार्च को पंजाब मेल से देवलाली पहुँच रही है। मैं आपको केवल सूचना देने आया हूँ। अब उसकी सुरक्षा की जिम्मेदारी आपकी है। (बाहर जाने को मुड़ता है।

आफिसर अपने हाथ इशारा करके "रूको-रूको! यह क्या ड्रामा है?"

गुलाब अपने दोनों हाथ खड़े करके बोला "साहब जी, मैं इसका पात्र नहीं हूँ। अगर आप इसे मात्र एक ड्रामा समझते हैं तो निश्चिंत बैठे रहें।"

"आखिर तुम चाहते क्या हो?"

"सर, मेरी चाहत को तो दीमक कभी का चाट कर चुकी है। अतः मेरी कोई चाहना नहीं रह गई है। अब तो आपको सोचना है कि आपको क्या करना है।"

आफिसर हताश होकर समर्पण के लहजे में "अब मेरे लिए सोचकर करने को बचा ही क्या है। तुमने मेरे इर्द-गिर्द मकड़ी की तरह ऐसा जाल बुन दिया है कि उससे बाहर निकलने का केवल एक ही रास्ता बचा है। अर्थात अपना समर्पण। अब मेरे पास तुम्हें अपनी पत्नि के साथ रहने की अनुमति देने के अलावा कोई चारा नहीं है। अतः जाओ और फेमिली के साथ सुखमय जीवन व्यतीत करो।"

गुलाब धन्यवाद कहता हुआ कमरे से बाहर आ गया। आज दो वर्ष बाद उसके मन से एक भारी बोझ हटा था। चलते हुए वह इतना हल्का महसूस कर रहा था जैसे वह उड़ रहा हो। हालाँकि उसकी शादी हुए दो वर्ष बीत चुके थे परंतु उसे ऐसा प्रतीत हुआ जैसे आज रात को ही पहली बार वह अपनी सुहागरात का आनन्द प्राप्त करेगा। और अगली सुबह उसने महसूस किया कि जैसे वास्तव में ही अब हुई है 'फौजी की शादी'।

समय व्यतीत होने लगा। गुलाब देवलाली से जोधपुर, जोधपुर से देहली, देहली से अमृतसर, अमृतसर से बागडोगरा (आसाम), बागडोगरा

से कानपुर में सर्विस करता हुआ 15 अगस्त 1979 को नौकरी छोड़कर घर आ गया। इस दौरान वह तीन बच्चों का पिता बन चुका था। यहाँ आकर गुलाब की भारतीय स्टेट बैंक में नौकरी लग गयी तथा जीवन एक सुखद राह पर चलने लगा। उसके उपर भगवान की ऐसी कृपा रही कि उसे कभी भी किसी प्रकार की भी अड़चन का सामना नहीं करना पड़ा। गुलाब की पत्नि संतोष एक सरल स्वभाव, मृदुभाषी, दानी, पूजा पाठ में विश्वास करने वाली चतुर तथा गुणवती गृहणी थी। घर गृहस्थी को सुचारू रूप से चलाना वह बखूबी जानती थी। आलस उसको नाममात्र को भी छू तक नहीं सकता था। सेवा भावना उसमें कूट-कूट कर भरी हुई थी। मेहमान नवाजी की सुदृढ़ नीव अपनी ससुराल में मानों उसने ही रखी थी। हालांकि वह खुद दसवीं पास थी परंतु गुलाब को जोधपुर यूनिवर्सिटी से स्नातकोत्तर की डिग्री हासिल कराने का श्रेय संतोष को ही जाता है। क्योंकि वह रात को पढ़ाई करते गुलाब के साथ जागकर उसकी जरूरतों को पूरा करती रहती थी जिससे गुलाब की पढ़ाई में कोई बाधा न आए। एक मध्वर्गीय व्यक्ति के लिहाज से उसके पास सब सुविधा उपलब्ध थी।

सुखमय जीवन का समय बहुत जल्दी व्यतीत होता नजर आता है। देखते ही देखते वह समय भी आ गया जब गुलाब की लड़की, प्रभा, का रिस्ता पक्का हो गया। तैयारियाँ होने लगी। निमंत्रण पत्र भेज दिए गए। नियत समय पर मेहमानों का आवागमन शुरू हो गया गुलाब के चार मंजिला मकान की पहली मंजिल पर आने वाले मेहमानों का स्वागत किया जाता था। उनके सोने बैठने का इंतजाम उसके मकान की तीसरी तथा चौथी मंजिल पर था।

आने वाले मेहमानों में से अचानक एक ऐसे मेहमान को, जिसके दिदार की लालसा वह 22 सालों से अपने मन में संजोए था तथा इन सालों में ऐसा कोइ दिन मुश्किल से ही गुजरा होगा जब गुलाब ने उसे याद न किया हो, अपने सामने खड़ा देखकर हतभ्रत रह गया। दृष्टि मिलते ही जैसे उन दोनों को काठ मार गया हो। पत्थर की मूर्ति की तरह वे अपने अपने स्थान पर जड़ होकर रह गए। वे अपलक दोनों एक दूसरे

को देखे जा रहे थे। अपने दरमियान 20-22 वर्ष के लम्बे मौन को तोड़ते हुए गुलाब ने ही आश्चर्य से पूछा, "माला तुम यहाँ?"

जैसे उस पत्थर की मूर्ति में प्राणों का संचार हुआ हो। उसके बदन में हल्का सा कम्पन महसूस हुआ। फिर आहिस्ता-आहिस्ता वह कदम बढ़ाती गुलाब की ओर बढ़ी। ऐसा लग रहा था जैसे अपना हर कदम उठाने में उसे अतिरिक्त शक्ति का प्रयोग करना पड़ रहा था।

गुलाब भी एक टक उसे देखे जा रहा था तथा सोच रहा था। वही गोरा चिट्टा रंग, छरहरा बदन, सुर्ख होंठ, चेहरे पर वैसी ही मासूमियत जिसका वह कभी दिवाना था। इतने लम्बे अंतराल के बाद आज भी गुलाब अपने होठों द्वारा उसके मखमली गालों के अनायास स्पर्श की अनुभूति को नहीं भुला पाया था। उस दिन से आज तक उन क्षणों को याद करते ही उसका हृदय लगभग प्रत्येक दिन रोमांचित हो उठता था। गुलाब ने महसूस किया कि इतने लम्बे अरसे के बावजूद मालारंध मात्र भी न बदल थी। अब तक वह गुलाब के काफी नजदीक आ चुकी थी।

माला के होंठ फड़फड़ाए लेकिन उनसे बोल न फूटे। उसकी हालत देखकर गुलाब ने ही कहा, "माला यकीन नहीं आता कि तुम मेरे सामने हो। खुली आंखो से कहीं मैं सपना तो नहीं देख रहा" कहते-कहते गुलाब ने माला का हाथ अनायास अपने हाथों में ले लिया। माला के होठों में एक बार फिर कम्पन्न हुआ परंतु भरसक कोशिश के बावजूद भी वह बोल न पाई। शायद वह कहना तो बहुत कुछ चाहती थी परंतु उसकी वाणी उसे हरबार धोखा दे जा रही थी। जब माला की जिव्हा हार गई तो भावना के बेग ने हृदय के बाँध को तोड़ दिया। अश्रूओं के रूप में आँखों के रास्ते उसकी भावनाएँ बाहर बहने लगीं। उसने अपने आँसूओं को लाख छुपाने की कोशिश की परन्तु उनकी चन्द बूँदे अनायास ही गुलाब के हाथ पर गिर पड़ीं।

अपने हाथ पर टपकी बूँदे को देखकर गुलाब अधीरता से बोला, "माला तुम रो रही हो मैं तुम्हारे मुँह से दो शब्द सुनने को तरस रहा हूँ। कुछ तो बोलो।" माला अब भी खामोश रही। वह बस रोए जा रही थी।

अतः गुलाब ने उसे धीरज बंधाते हुए कहा, "माला मैं तुम्हारे आँसू नहीं देख सकता। कहीं ऐसा न हो कि इन्हें देखकर मैं भी कच्चा पड़ जाऊँ। माला अगर दबी आग को तुमने और अधिक हवा दी तो इसकी चिंगारी बनकर हमारे दोनों के परिवारों को झुलसा देगी अतः माला अपने आप को सम्भालो।"

गुलाब की बात सुनकर सहसा माला को कर्तव्य बोध हुआ और ध ीरे से उसने अपने आँसू पोंछ लिए। गुलाब ने महसूस किया कि उसकी तरह माला के दिल में भी अभी तक उसके प्रति प्यार का बीज दबा हुआ है जो उसे सामने पाकर अनायास ही अंकुरित हो गया है।

जब माला को बोध हुआ कि उसके हाथ गुलाब ने अपने हाथों में थामें हुए हैं तो अचानक उसके मुँह से निकला, "अरे यह क्या कर रहे हैं आप, कहीं किसी ने देख लिया तो गजब हो जाएगा।"

न चाहते हुए भी माला ने अपने हाथ धीरे से गुलाब के हाथों से छुड़ा लिए। माला गुलाब की लड़की की शादी में आई थी। वह गुलाब के घर पूरे चार दिन रूकी। इस दौरान वे कई बार आमने-सामने पड़े परंतु काम की व्यस्तता एवं घर में मेहमानों की भीड़-भाड़ में आपस में कोई बात न कर सके। शादी के बाद काफी मेहमान विदा ले चुके थे। गुलाब को महसूस हो रहा था कि माला जान बूझकर अपनी विदाई कराने में देर कर रही है। शायद वह अपने मन में दबी कोई बात गुलाब के सामने खोलना चाहती थी। अब न तो घर में अधिक मेहमान थे न ही गुलाब किसी काम में व्यस्त अतः उन दोनों को अपने अपने दिल की बात कहने का सुअवसर मिल ही गया। आप इतने दिन कहाँ थी और आपको मेरी लड़की की शादी की सूचना कैसे मिली?

"आपका भेजा हुआ कार्ड गया था। परंतु मैं तो जानता ही नहीं था कि आप रहती कहाँ हैं। हाँ इतना अवश्य पता था कि आपकी शादी अमेठी में हुई थी।"

"देख लो, हमें आपके दर्शन करने की कितनी लालसा थी कि बिना बुलाए ही आ गए।" "मन में तो मेरे बहुत थी कि भाभी जी से आपका पता लेकर आपको निमंत्रण भेज दूँ परंतु कहीं कोई गलत न समझ बैठे

चुप रहा। वैसे मैंने थोड़े से कार्ड भाई साहब श्री चन्द जी को दे दिये थे कि वे अपने से सम्बंधित सभी रिस्तेदारों को भेज दें। इसमें आप भी शामिल थी। अगर मुझे यह पता होता कि आप अब गाजियाबाद रह रही हैं तो मैं स्वयं ही आपके यहाँ हाजिर होता।"

"बस, बस अब रहने दो बातें बनाने को। (थोड़ी सीरियस होते हुए) यहाँ से मेरे विदा होने का समय आ गया है। अब मेरी एक छोटी सी बात ध्यान से सुनो और समझों। मैं चलते-चलते बता देना चाहती हूँ कि "मेरी आत्मा अभी भी आपकी है"।

गुलाब भावुक होते हुए, "माला।"

"हाँ मेरे शरीर का मालिक बेशक कोई और बन गया है। मैं उनके प्रति वफादार भी हूँ। उनकी इच्छानुसार मैंने अपना जीवन बिताया है तथा आगे भी बिताती रहूँगी। परंतु मेरी आत्मा के मालिक पहली बार आप ही बने थे। इतने वर्षों तक रहे हैं। अब भी हैं तथा मेरी मृत्यु तक.....।" (गुलाब अपना हाथ माला के होठों पर रख देता है तथा उसका वाक्य अधूरा ही रह जाता है)।

इसके बाद माला एक गहरी नजर गुलाब पर डालती है। उसकी आँखे छलक आती हैं। वह उन आँसूओं को पीने की कोशिश करते हुए मुड़कर एक दम बाहर चली जाती है। गुलाब एक बुत की तरह खड़ा ही खड़ा देखता रह जाता है।

माला ने अपनी भतीजी संतोष, गुलाब की पत्नि, से विदा ली। अपना सारा सामान लेकर वह जीने से नीचे उतरने के लिए आगे बढ़ी तो संतोष ने गुलाब को आवाज लगाते हुए कहा, "अजी सुनते हो, बुआ जी जा रही हैं।"

"कौन-सी बुआ जी?'

"गाजियाबाद वाली।"

"गाजियाबाद वाली! वहाँ मेरी कौन-सी बुआ जी रहने लगी?"

"आपको कुछ नहीं पता। नीचे आकर देखो।"

"गुलाब नीचे आकर, कौन-सी बुआ जी जा रही हैं?"

संतोष अपने चेहरे पर एक शरारती मुस्कान बिखेरते हुए तथा माला की ओर इशारा करते हुए, "ये जा रही हैं।"

गुलाब मजाक में मारने के अन्दाज में अपना हाथ उठाते हुए, क्या ये मेरी बुआ जी है?"

संतोष हँसते हुए बचने की कोशिश करते हुए, "मैंने कब कहा था कि आपकी बुआ जी जा रही हैं।"

गुलाब एवं संतोष की इस नोंक-झोंक से वहां खड़े सभी व्यक्ति मुस्कराए बिना न रह सके। आखिर माला ने हाथ जोड़कर नमस्ते करते हुए; परंतु गुलाब की ओर नजरें इस अन्दाज से चलाते हुए कि जैसे कह रही हों, देखो मैंने शुरूआत कर दी है अब मुलाकात का सिलसिला न तोड़ना। मैं तुम्हारे दर्शन बिना अब न रह पाऊँगी। अच्छा चलती हूँ। माला के इस अन्दाज को हम दोनों के बीच खड़ी संतोष ने भाँप लिया। संतोष ने एक कटाक्ष भरी नजरों से गुलाब की ओर देखा। गुलाब सिर से पाँव तक काँप गया जैसे उसकी चोरी पकड़ी गई हो परंतु वह अपने को सम्भालते हुए माला से बोला, "अच्छा ठीक से जाना।"

इसके बाद दिन गुजरने लगे। यदा कदा जब भी कहीं रिस्तेदारी में कोई शादी विवाह इत्यादि होता तो गुलाब एवं माला का मिलन हो जाता था। आपस में कुशल प्रेम पूछने भर से ही दोनों की आत्माओं को तृप्ति मिल जाती थी। देखते ही देखते गुलाब एवं माला के सभी बच्चों की भी शादियाँ हो गई। सब अपनी जगह खुश थे।

एक दिन संतोष ने कुछ रूआँव से अन्दाज में कहा, "जी, आज बुआ जी आई थीं।"

गुलाब संतोष को न समझते हुए अपने मजाकिया अन्दाज में ही बोला, "तोषी साथ में यह भी बताया करो कि कौन-सी बुआ जी। क्यों आपकी कई बुआ जी हैं?"

"देखो यह मजाक करने का समय नहीं है।"

गुलाब ने संतोष के चेहरे पर उदासीनता देखकर,"क्यों क्या बात हुई?"

"उन्हें रीढ की हड्डी में तो दर्द पहले से ही रहता था अब उसने उग्र रूप धरण कर लिया है।"

"रीढ की हड्डी का दर्द! परंतु मुझे तो आज तक पता ही न चला कि वह कई साल से विमार हैं। मैं तो जब भी उनसे मिला उनके चेहरे पर हमेशा रौनक ही दिखाई दी।"

संतोष शायद जल्दी में थी अतः ज्यादा वार्तालाप न करते हुए उसने सीधा ही कहा, "अच्छा अब ऐसा है कि शालू बुआ जी अस्पताल जा रही हैं। मैं भी उनके साथ जाकर माला बुआ जी का हाल देख आती हूँ।"

"हस्पताल में! तो क्या हालत ज्यादा बिगड़ गई है?"

"हाँ कुछ ऐसा ही सुनने में आया है। अच्छा मैं जा रही हूँ।"

गुलाब अकेले में बैठा विचारों में खो गया। विचार माला के इर्द-गिर्द चक्कर लगाने लगे। गुलाब ने सोचा कि जब भी वह माला से मिलता था और उससे कुशलक्षेम पूछता था तो उसका पहला वाक्य यही होता था कि 'उनके आने से जो आ जाती है चेहरे पर रौनक तो वे समझते हैं कि बीमार का हाल अच्छा है'। फिर गुलाब माला से जो थोड़ी देर और इधर उधर की बातें करता उस दौरान भी माला ने कभी ऐसा जाहिर नहीं होने दिया कि उसे किसी प्रकार की कोई तकलीफ है।

गुलाब ने अपने आपसे पूछा, "भला माला ने ऐसा क्यों किया होगा।" उसके दिमाग में कई उत्तर एक साथ मचलने लगे।

1. शायद माला अपना दुख बताकर गुलाब को दुखी नहीं करना चाहती थी।
2. शायद उसे जो थोड़ा समय गुलाब से बात करने को मिलता था उसमें अपना दुखड़ा रोकर उन सुनहरी एवं हँसीन पलों को बर्बाद करना नहीं चाहती थी।
3. शायद वह समझती थी कि गुलाब को बताने से कोई फायदा नहीं था क्योंकि सामाजिक बंधन कुछ इस प्रकार के थे कि गुलाब उसके प्रति अच्छी तरह सहानुभूति भी नहीं दिखा पाएगा।

वह अपने आप में ही बुदबुदाया, चाहे कुछ भी था माला को कम से कम एक बार तो बता ही देना चाहिये था कि वह कुछ बीमार चल रही है। गुलाब को अपने उपर ग्लानि सी महसूस होने लगी कि वह कितना बेपरवाह है जो उसे अभी तक नहीं पता कि माला बहुत दिनों से बीमार चल रही है।

गुलाब बड़ी बेसब्री से संतोष के वापिस आने का इंतजार कर रहा था। शाम को जब वह वापिस आई तो उसका उदास चेहरा देखकर गुलाब को किसी अनजान आशंका ने घेर लिया। अतः बड़े उतावले पन से उसने पूछा, "माला का क्या हाल हैं?"

"अच्छे नहीं है।"

"क्या मतलब? अचानक ऐसा क्या हो गया?"

"यह अचानक नहीं हुआ। माला बुआ के जीवन में ऐसे कई कारण बने रहे जो उन्हें तिल-तिल खोखला करते रहे। हर घर की अलग कहानी होती है। आप तो जानते हैं कि उनके दो लड़कियाँ तथा एक लड़का है। वैसे तो फूफा जी एक इंजीनियर हैं परंतु उनकी तनखा अर्थात कमाई इतनी अधिक नहीं है कि घर का खर्चा चलाकर उनके पास कुछ बचता हो। फिर भी बुआ जी (माला) जब हमारे यहाँ बेबी (प्रभा) की शादी में सम्मितिल होने आई थी तो बहुत खुश व संतुष्ट दिखाई पड़ रही थी। यहाँ से विदा होने से पहले मेरी उनसे बहुत-सी बातें हुई थीं। बातों के चलते सिलसिले में हमारी कुछ इस प्रकार की बातें हुई थी। उन्होंने मेरे से कहा था, "संतोष तुम तो जानती हो कि मेरी गुड़िया (लड़की) भी सयानी हो गई है।"

"हाँ बुआ जी वह भी तो मेरी बेबी के साथ की ही है।"

माला कुछ झिझकते हुए, "संतोष तुमने लड़का तो बहुत अच्छा ढूंढा है।"

"बुआ जी बात ऐसे बनी कि मेरे बसंत वाले नन्देऊ के छोटे भाई की शादी थी। बारात में हमने अपने लड़के प्रवीण को भेज दिया था। उसी रात को इनके पास मेरी छोटी नन्द के ससुर का फोन आया। उन्होंने पूछा,

"क्या तू मस्जिद मोठ शादी में नहीं गया?" इन्होंने मना करते हुए कह दिया कि मौसा जी मेरा जाना क्या बनता है इसलिए बच्चों को ही भेज दिया है। परंतु मौसा जी ने इन्हें वहाँ जाने पर बहुत जोर देते हुए बताया कि वहाँ बारात में एक लड़का आएगा जो तेरी लड़की (बेबी) के लिए हर प्रकार से उपयुक्त है। उसे देख लेना। अगर पसन्द आ जाए तो फिर बताऊँगा कि आगे कैसे करना है।

हमने अपनी बेबी के लिए अभी तक सपने में भी उसकी शादी के बारे में नहीं सोचा था क्योंकि वह महज उन्नीस वर्ष की हुई थी। परंतु शायद जोड़ी संजोग जोर लगा रहे थे। अपने मौसा जी के कहने से ये उस शादी में चले गए। जब इन्होंने लड़का देखा तो वह इन्हें एक नजर में ही भा गया। इनके अनुसार लड़के में तीन खुबियाँ होनी आवश्यक हैं। पहल, लड़के की सेहत एवं कद काठी अच्छी हो ओर उसमें कोई एब या बुरी लत न हो। दूसरे, रहने के लिए उनका अपना मकान हो। तीसरे लड़का अपने पैरों पर खड़ा हो। वह लड़का इनकी कसौटी पर खरा उतर रहा था।

इन्होंने घर आकर जब मुझे बताया कि लड़का पसन्द है तो मैं अचम्भा करने लगी। मैंने सोचा कि मेरे लिए तो मेरे पिताजी लड़को को देखते देखते परेशान हो गए थे जब कहीं ये मिले थे और ये पहली बार में ही कह रहे हैं कि लड़का पसन्द आ गया। खैर जब बात बननी होती है तो भगवान रास्ते भी अपने आप निकाल देता है।

जब इन्होंने लड़के के बारे में अपने बड़े भाई शिव जी को बताया तो उन्होंने दरियाफत करना शुरू किया, "लड़के का नाम क्या है?"

"मनोज कुमार गुप्ता।"

"क्या काम करता है?"

'प्राईमरी स्कूल में मास्टर है।"

"कितना पढ़ा है?"

"बी.ए. बी.एड।"

फिर तो आगे बढ़ने तथा तरक्की के बहुत मौके मिलेंगे। शिव गुलाब ने संतुष्टता दिखाई फिर पूछा, "अच्छा बताना वह किस का लड़का है?"

"श्री भजन लाल गुप्ता का।"

शिव ने अपनी आवाज पर कुछ जोर देते हुए पूछा, "क्या कहा भजन लाल का?"

"हाँ भाई साहब उन्होंने यही नाम बताया था।"

अपने मन की शंका को मिटाने के लिहाज से शिव ने पूछा, "भजन लाल कहाँ रहते हैं?"

"मालवीय नगर का नाम सुनकर शिव का उतावलापन उतर गया तथा वह धीरे से बोला, "तो फिर कोई और होंगे।"

"परंतु भाई साहब यह और पता चला है कि पहले वे दरियागंज रहते थे।"

"दरियागंज! तो हो सकता है कि ये वही ही हों। फिर थोड़ा सोचकर, "अच्छा गुलाब तू एक काम कर युसुफ सराय मौसा जी को टेलीफोन मिला। मौसा जी ने भजनलाल के बारे में पूरी जानकारी देने के बाद शिव से कहा कि वे बसंत से राधेश्याम को साथ ले जाकर बात कर लें तो बात आसानी से बन जाएगी। परंतु भजन लाल के बारे में पूरी खबर बात मिलने के बाद शिव ने किसी को भी साथ लेने की जरूरत नहीं समझी तथा दोनों भाई ही भजन लाल जी से मिलने पहुंच गए।

घर के अन्दर घुसते ही जो औरत उनके सामने आई उसे देखकर शिव ने दोनों हाथ जोडकर कहा, "चाची जी नमस्ते।"

गुलाब अपने भाई साहब के मुँह से उस औरत के लिए चाची जी शब्द का इस्तेमाल करते सुनकर अचम्भित रह गया। फिर उसे ध्यान आया कि उसके बड़े भाई साहब ने मालवीय नगर आते वक्त बड़े विश्वास के साथ कहा था कि अब किसी को साथ लेने की जरूरत नहीं है क्योंकि वे जान गए थे कि वे भजन लाल को अच्छी तरह जानते हैं तथा उनकी बात को नकारना भजन लाल के लिए मुश्किल पड़ेगा।

गुलाब की तंद्रा तब भंग हुई जब सामने खड़ी औरत ने शिव को सम्बोधित करते हुए कहा, "अरे आप! आज कैसे रास्ता भूल गए?"

"चाची जी बस पता ही न चला कि अपने मालवीय नगर में मकान बनवा लिया है। दुकान का तो पता चल गया था कि आपने सेठ मुंशी राम के यहाँ से नौकरी छोड़कर अपना काम शुरू कर लिया है।"

"अच्छा बैठों पानी लाती हूँ।"

"चाची जी, गुलाब की ओर इशारा करते हुए यह मेरा छोटा भाई है। भरतीय स्टेट बैंक में कार्यरत है। इसके पास तीन बच्चे हैं। एक बेटी तथा दो बेटे। बेटी शादी लायक हो गई है उसके लिए आपके बेटे मनोज की बात करने आए हैं।"

भजन लाल जी की पत्नि कृष्णा धीमी मुस्कराते हुए बोली, 'भला मैं आपको कैसे मना कर सकती हूँ। परंतु मनोज के बाबू जी एवं बड़ा भाई दिनेश अभी आने वाले हैं इस बारे में वे ही निर्णय लेंगे।"

इतने में दिनेश तथा भजन लाल जी अन्दर प्रवेश करते हैं। शिव, भजन लाल को चाचा जी शब्द से सम्बोधित करके प्रणाम करता है। सारी बात सुनकर भजन लाल जी तीन दिन बाद आ रहे पहले नवरात्रे को विरला मन्दिर पर लड़की देखने का प्रोग्राम तय कर लेते हैं।

आगे की कार्यवाही हेतू निश्चित दिन बिरला मन्दिर पर सभी एकत्रित हो जाते हैं। देखा दिखाई के बाद मनोज जी की तरफ से सवाल उठाया जाता है, "लड़की में दो कमियाँ नजर आती हैं।"

इस पर शिव ने यह न पूछकर कि वे कमियाँ क्या हैं मनोज जी से एक उल्टा प्रश्न कर दिया, "कितनी बातों में से?"

"दस में से", मनोज जी ने कुछ सोचते हुए कहा।

दस में से दो जानकर शिव थोड़ा मुस्कराया। फिर बड़े विश्वास से बोला जैसे अब उस रिस्ते को होने से कोई नहीं टाल सकता, "देखो जी आप एक मास्टर हैं। अगर आप की क्लास में कोई विद्यार्थी परीक्षा में दस में से आठ अंक प्राप्त कर लेता हे तो क्या आप उसे फेल कर देंगे?"

बुआ जी, मेरे जेठ जी का तर्क सुनकर तथा बात को जायज समझकर मनोज जी केवल मुस्कारा कर रह गए। और इस तरह रिस्ता पक्का हो गया।

पूरी कहानी सुनकर माला बोली, ''संतोष तुम्हारी लड़की बहुत भाग्यवान है जो उसे हर मायने में ऐसा सुन्दर दुल्हा मिला है।'' वैसे, कुछ हिचकिचाहट तथा शर्माते हुए, ''तू अपने उनसे कहना कि मेरी गुड़िया के लिए भी ऐसा ही कोई लड़का ढूंढ दें।''

खैर समय के साथ गुड़िया की भी शादी हो गई। गुड़िया का दुल्हा देखने में तो ठीक ठाक तथा सुन्दर था परंतु न तो उसका अपना मकान था तथा न ही वह कोई ढंग का काम करता था। जल्दी-जल्दी गुड़िया दो बच्चों की माँ भी बन गई। माला बुआ का बेटा संजय, डाक्टरी की डिग्री हासिल करने के लिए, पाँच साल के लिए ट्रेनिंग पर चला गया। माला की छोटी लड़की भी पढ़ाई के लिए इन्दौर चली गई। अब बुआ जी तथा फूफा जी घर पर अकेले रह गए थे।

गुड़िया के बच्चे बड़े होने लगे। गुड़िया के पति राधे की छोटी-सी कमाई से उसके घर का खर्चा चलना मुश्किल हो गया। अब गुड़िया के नौकरी करने के अलावा कोई चारा नहीं दिख रहा था। परंतु समस्या थी कि अगर गुड़िया नौकरी पर निकल गई तो उसके बच्चों की देखभाल कौन करेगा। उसकी अपनी सास स्वर्गवास सिधार चुकी थी। ससुर इस लायक नहीं था कि वह बच्चों की देखभाल कर सके। उसको तो ख़ुद उसकी देखभाल करने वाला चाहिए था।

गुड़िया ने अपनी यह समस्या जब अपनी मम्मी जी अर्थात माला बुआ को बताई तो अपनी लड़की के लिए उनका मन पसीज गया। पसीजता भी क्यों न, माँ की ममता आड़े जो आ जाती है। माला ने बिना कुछ सोच समझे गुड़िया की अनुपस्थिति में उसके बच्चों की देखभाल का जिम्मा उठा लिया।

अब माला गुड़िया के बच्चों को दोपहर में जब वे स्कूल से वापिस आते थे तो बस स्टाप से अपने घर लाने लगी। घर लाकर वह बच्चों के कपड़े बदलती, खाना खिलाती तथा फिर थके हारे बच्चों को कुछ देर के लिए सुला देती। मसलन वह उनका हर काम करने लगी। शाम को गुड़िया अपने आफिस से वापिस अपने घर जाते समय बच्चो ंको साथ ले

जाती समय एक पक्षी की तरह पंख लगा कर उड़ने लगा। माला का लड़का संजय अपनी डाक्टरी की परीक्षा पूरी करके वापिस आ गया। थोड़े अंतराल के बाद उसकी शादी भी धूमधाम से सम्पन्न हो गई।

मन में हजारों सपने संजोए, घबराई सी, संकुचाई सी, लज्जा में सिमटी कावेरी ने धड़कते दिल से अपनी ससुराल की दहलीज पार करके घर के अन्दर कदम रखा। अभी वह वहाँ के अजनबी माहौल का जायजा ले भी नहीं पाई थी कि किसी ने उसे अपनी बाहों में भरकर अपने सीने से लगा लिया।

कावेरी ने अपनी माँ को बचपन में ही खो दिया था। वह माँ की ममता तथा उसके आँचल के नीचे मिलने वाले सुखद अहसास से अभी तक वंचित रही थी। अनजान औरत के सीने से लगी कावेरी भाव विभोर हो उठी। उसके चक्षु खुशी से छलछला गए। शायद कावेरी को ऐसा आभाष हो रहा था जैसे उसकी अपनी माँ ने यहाँ आकर उसे अपने सीने से लगा लिया था। परंतु जब कोवरी ने अपना चेहरा ऊपर उठाकर अपनी माँ से अपने मन में भरी हजारों शिकायतों का ब्यौरा देना चाहा तो सामने खड़ी औरत को निहार कर वह शक्ते में आ गई। वह सास थी जो कावेरी की भाव भंगिमा को महसूस करके मन्दमन्द मुस्करा रही थी। कावेरी को ऐसा लगा जैसे उनकी माथे की झुर्रीयाँ ऊपर नीचे होकर उसे आशिर्वाद दे रही थी। वह अभीभूत होकर नीचे झुकी और अपनी सास के चरण छू लिए।

माला ने उसके चरणों में झुकी अपनी नई नवेली दुल्हन को बड़े प्यार से कधों से पकड़ कर उठाया तथा 'दूधों नहाओ पूतों फलों का आशिर्वाद देते हुए एक फूलों का गुलदस्ता जो माला ने अपने आँगन में उपजे फूलों से खुद अपने हाथों तैयार किया था कावेरी को भेंट किया। इसके बाद माला ने दिल की मनोकामना को व्यक्त करते हुए कि 'नव विवाहित जीवन उनके लिए मंगल मय हो'' कावेरी का हाथ पकड़ कर अंदर ले जाते हुए कहा, ''इस घर में तुम्हारा स्वागत है।''

कावेरी को और भी आश्चर्य तब हुआ जब उसकी सास ने घर के दूसरे सदस्यों के साथ खाना न खाकर उसके साथ खाने की जिद कर ली। कावेरी को उस समय अपनी स्वर्गवासी माँ द्वारा, जब वह अस्मंजस्ता के महौल में उसकी याद करते-करते सो गई थी तो उसके सपनों में आकर, कहे वे शब्द याद आ गए, ‘‘बेटी मुझे तुझ पर पूरा विश्वास एवं गर्व है। दिल में कोई पूर्वाग्रह लेकर मत जाना। परिवार की नींव प्यार, विश्वास व त्याग पर हो तो वह परिवार किसी किले से कम नहीं होता। तू मन में अच्छी भावना लेकर जाएगी तो सब अच्छा ही होगा।’’

कावेरी अपने पति संजय के साथ हनीमून से वापिस आई तो उसकी सास उसका बेसब्री से इंतजार कर रही थी। माला ने कावेरी को एक गुलदस्ता थमाते हुए कहा, ‘‘खुशियों से तुम्हारी झोली सदा भरी रहे।’’ सास बहू में आत्मियता बढ़ती जा रही थी।

एक तरफ परिवार में प्रेमभाव, विश्वास, त्याग, प्रेमवाणी एवं प्रशंसात्मक रवैये से एक दूसरे में घनिष्टता बढ़ाने का प्रयास किया जा रहा था तो दूसरी तरफ गुड़िया का पति राधे श्याम सास बहू के बीच गहरी होती घनिष्टता से दिन प्रति दिन चिंता में घुलने लगा। वह महसूस कर रहा था कि जब से कावेरी ने इस घर में कदम रखा है उसकी सास माला केवल उसकी बन कर रह गई है। अब उसका ख्याल अपनी लड़की गुड़िया की समस्याओं से एकदम हट चुका है। माला को उसके धेवते-धेवती की कोइ चिंता नहीं रही थी। वह भूल गई थी कि संजय की शादी से पहले वह क्या-क्या किया करती थी।

राधे सोच रहा था कि अगर उसकी सास का यही रवैया रहा तो वह दिन दूर नहीं जब हम पहले की स्थित में आ जाएँगे। गुड़िया को नौकरी छोड़नी पड़ेगी और घर के खर्चे का सारा भार मेरे कंधों पर आ जाएगा। इससे पहले कि सास बहू में पक्का जोड़ बैठ जाए उसे कुछ करना होगा कुछ चक्र चलाना होगा। और यह सब सोचते-सोचते अचानक वह एक घिनौनी हँसी हँसने लगा। शायद उसने अपने मकसद में कामयाब होने का चक्र व्यूह रच लिया था।

संजय को अजमेर के एक सरकारी अस्पताल में नौकरी मिल गई थी। इसलिए वह अजमेर चला गया। अभी वह वहाँ अकेला ही गया था। संजय कावेरी को उसके पिहर छोड़ आया था। माला घर पर अब अकेली रह गई थी। राधे को अपने सोचे हुए मकसद में कामयाब होने का यह सुनहरा अवसर मिल गया।

अपनी सोची हुई युक्ति के तहत बच्चों को सास के घर से लाने के लिए गुड़िया को न भेज वह खुद ही चला गया। जब वह सास के घर पहुंचा तो उन्हें कुछ विचार मग्न पाकर, "मम्मी जी क्या बात है आपके चेहरे पर कुछ उदासीनता का आभाष हो रहा है?" माला अपने चेहरे पर बनावटी हँसी लाते हुए बोली, "नहीं जी ऐसी तो कोई बात नहीं है।" "मम्मी जी आप लाख छुपाओं परंतु आपका चेहरा सब साफ साफ बता रहा है कि आपका मन किसी कारण उदास है।"

"जी बस यूं ही! कावेरी के बारे में सोच रही थी।

राधे ने अपनी सास की दुखती रग पर हाथ रखने की चेष्टा करते हुए, "मम्मी जी लगता है संजय की शादी की भाग दौड़ से आप काफी थक गई हैं। आपको आराम की शख्त जरूरत है।"

"वह तो है परंतु..........।"

राधे को मन की मुराद मिल गई थी। उसने माला को पूरा वाक्य बोलने से पहले ही टोक दिया तथा अपनी तरफ से बहुत ही आत्मियता दिखाते हुए बोला, "मम्मी जी आप किसी प्रकार की कोई तकलीफ न उठाएँ, हम हैं न। आप आराम से बैठो। मैं यहाँ का सब काम करीने से कर दूंगा। इतना कहकर बच्चों द्वारा बिखरे सामान को राधे उठा उठाकर ठीक जगह पर लगाने लगा।"

राधे को ऐसा करते देख माला ने उसे रोकने की बहुत कोशिश की परंतु वह न माना। वह बिखरी चिजों को उठाता रहा तथा बोलता रहा, "मम्मी जी आप माने या न माने परंतु वास्तव में आजकल की लड़किया होती ही ऐसी हैं। काम चोर। देखो संजय के जाने के साथ ही अपने मायके चली गयी। एक बार भी नहीं सोचा कि आप अकेली रह जाएँगी।

कम से कम इतना तो रूक जाती कि आपकी थकावट तो उतर जाती। आपकी उम्र का भी कोई ख्याल नहीं किया। आजकल के बच्चों को तो बस अपना सुख चाहिये। उन्हें बड़े बूढ़ों की परवाह कहाँ है। उनकी फैमिली तो बस अपने आदमी और अपने बच्चों तक ही सीमित रहती है।"

माला ने बीच में कई बार राधे को टोकने की कोशिश की परंतु उसने एक न सुनी और अपना ही राग आलापता रहा। जब उसने बिखरा हुआ सारा सामान ठीक से लगा दिया तो माला से बोला, "मम्मी जी आप लेट जाईये। मैं आपके पैरा दबा देता हूँ।"

"अजी नहीं ऐसामत करो मुझे अच्छा नहीं लगता। माला ने बड़ी मुश्किल से अपने को छुड़ाया।

"क्यों मम्मी जी आप मुझे अपना बेटा नहीं मानती?"

"मानती हूँ! परंतु...।"

"अब मैं इतनी कमजोर थोड़े ही हो गई हूँ कि मुझे आपसे अपना काम करवाना पड़े।" "हाँ हाँ आप ठीक कह रही हैं आप परंतु इस उम्र में काम करने की कोई सीमा होती है। अभी तो मैं जा रहा हूँ परंतु सुबह गुड़िया को भेज दूंगा। आप कुछ काम न करना।

वह अपनी नौकरी पर जाने से पहले आपका नाश्ता वगैरह निपटा देगी। शाम को फिर मैं आ जाऊँगा।"

माला! नहीं जी नहीं जी, चिल्लाती रह गई और राधे बिना कुछ सुने बच्चों को लेकर बाहर निकल गया।

घर पर गुड़िया अधीरता से बच्चों का इंतजार कर रही थी।

जब राधे बच्चों के साथ घर के अन्दर आ गया तो गुड़िया ने पूछा, "आज आपने घर आने में इतनी देर कहाँ लगा दी?"

"मैं तुम्हारी मम्मी जी के पास रूक गया था।"

"क्यों क्या कोई खास बात थी?"

वह अपनी नौकरी पर जाने से पहले आपका नाश्ता वगैरह निपटा देगी। शाम को फिर मैं आ जाऊँगा।"

माला नहीं जी नहीं जी चिल्लाती रह गई और राधे बिना कुछ सुने बच्चों को लेकर बाहर निकल गया।

घर पर गुड़िया अधीरता से बच्चों का इंतजार कर रही थी।

जब राधे बच्चों के साथ घर के अन्दर आ गया तो गुड़िया ने पूछा, "आज आपने घर आने में इतनी देर कहाँ लगा दी?"

"मैं तुम्हारी मम्मी जी के पास रूक गया था।"

"क्यों क्या कोई खास बात थी?"

"ऐसी कोई बात नहीं थी बस यूँ ही। आपकी मम्मी जी को काम करते देखा नहीं गया। वे बहुत थकी सी लग रही थी। इसलिए उनके काम में हाथ बटाने लग गया था। तुम भी कल जब स्कूल के लिए बच्चे छोड़ने जाओ तो अपनी मम्मी जी का नाश्ता बना आना।"

"अरे वाह क्या बात है मम्मी जी पर बड़ा तरस आ रहा है।"

"तरस की बात नहीं है यह फर्ज की बात है। उनका अपना लड़का तो उनकी तरफ कोई ध्यान देता नहीं मैं तो आँखें नहीं मूँद सकता। मुझे तो अपना फर्ज निभाना ही पड़ेगा।" गुड़िया अपने शौहर राधे की बातें सुनकर अवाक उसे देखती रह गई। उसकी समझ में नहीं आया कि अचानक उसके पति राधे के मन में उसकी मम्मी माला के प्रति इतनी सहानुभूति कहाँ से तथा कैसे जागृत हो गई थी।

गुड़िया ने बातों की गहराईयों में जाने के लिए अपने पति से प्रश्न किया, "मैं आपकी बातों का कोई भी मतलब निकालने में असमर्थ हूँ। इसलिए मुझे ठीक से समझाओं कि आपका तात्पर्य क्या है?"

"देखो गुड़िया मतलब वतलब तो मैं जानता नहीं अपितू इतना अवश्य पहचान गया हूँ कि तुम्हारी भाभी अर्थात संजय की बहू मम्मी जी की सेवा सुश्रा नहीं कर सकती। इसलिए सका जिम्मा हमें ही उठाना होगा। कल से हम दोनों सुबह बच्चों को स्कूल के लिए छोड़ते हुए तुम्हारी मम्मी जी का सुबह का सारा काम निबटा कर ही अपनी-अपनी नौकरी पर जाया करेंगे।"

अगले दिन सुबह बच्चों को स्कूल के लिए तैयार करके गुड़िया बोली, ''चलो जी शुभ काम में देरी क्या।''

राधे ने चुटकी लेते हुए कहा, ''अरे वाह कमाल कर दिखाया। मेरा कहा पहली बार में ही करने को तैयार हो गई।''

गुड़िया अपने चेहरे पर बनावटी गुस्सा लाकर, ''मैंने कब आपका कहा ठुकराया है?''

''ठुकराया तो नहीं परंतु तर्क-वितर्क करने के बाद ही किया है।''

''मैं क्या करूँ आपने पहली बार ऐसा सुझाव दिया है जिसमें तर्क वितर्क करने योग्य कोई पहलू ही नहीं है।''

राधे अन्दर ही अन्दर बहुत प्रसन्न हो रहा था कि उसका तीर ठीक निशाने पर बैठा है। इसलिए बात ज्यादा न बढ़ाते हुए बोला, ''अच्छा अच्छा अब चलो वर्ना हमारे साथ-साथ बच्चों को भी देर हो जाएगी।''

राधे तथा गुड़िया बच्चों को स्कूल के लिए बस में बैठा कर माला के घर पहुँचे। सुबह-सुबह दोनों को एक साथ देखकर माला को बहुत आश्चर्य हुआ, ''आप दोनों सुबह-सुबह यहाँ?''

''हाँ मम्मी जी इन्होंने रात को यहाँ से जाने के बाद एक बहुत अच्छा सुझाव दिया था। ''वह क्या?''

''कि हम दोनों सुबह आपका काम निबटा कर ही अपनी-अपनी नौकरी पर जाया करेंगे।'' माला के लाख मना करने पर भी राधे तथा गुड़िया काम में लग गए तथा पूरा काम करके जाते-जाते यह कह गए, ''मम्मी जी आप किसी प्रकार की चिंता न करें। कोई और करे न करे हम दोनों आपका पूरा-पूरा ख्याल रखेंगे। हमारे पीछे से आप कोई काम करने का कष्ट न करना। ड्यूटी से वापिस आकर हम आपका शाम का काम भी निपटा कर ही अपने घर जाएँगे।''

कावेरी ने तो अपनी सास, माला, के दिल में अपनी आस्था के कदम अभी रखे भी नहीं थे कि राधे और गुड़िया ने उसकी गैर मौजूदगी में वहाँ अपने पैर पसारने शुरू कर दिए थे। तभी तो राधे और गुड़िया के जाने के बाद माला सोचने पर मजबूर हो गई थी कि वास्तव में ही उसके दामाद

और बेटी कितने अच्छे हैं। मेरा कितना ख्याल रखते हैं। क्या असलियत में कावेरी मेरे मन मुताबिक काम नहीं कर पाएगी। मुमकिन है मेरे दामाद की बात सही निकले। क्योंकि संजय तथा कावेरी दोनों पढ़े लिखे हैं। अनपढ़ गंवार समझ कर अपने रूतबे के चलते मुझे अनेदखा करने लगें।

अपने कहे अनुसार शाम को गुड़िया तथा राधे दोनों माला के घर आ धमके। उन्होंने पूरा काम किया तथा अपने घर जाने को विदा माँगी, ‘‘अच्छा मम्मी जी हम चलते हैं सुबह फिर आ जाएँगे।’’

माला ने ममत्व दिखाते हुए अपनी इच्छा जाहिर की, ‘‘इतनी देर हो गई है। मुझे अच्छा नहीं लग रहा कि अब आप दोनों वहाँ जाकर अपना खाना बनाओगे। आप सभी यही खाना खाकर जाओ।’’

राधे हाथ जोड़कर ‘‘मम्मी जी हमारी चिंता मत करो। हम अभी काम करने लायक हैं।’’

माला ने गुड़िया की बाँह पकड़कर उसे रोकते हुए बोला, ‘गुड़िया तुझे मेरी कसम है। खाना यहीं खाकर जाओ।’’

‘‘अच्छा मम्मी जी आज तो हमें जाने दो। हम कल से सोचेंगे’’, कहते हुए राधे ने गुड़िया तथा बच्चें को साथ लिया और बाहर निकल गया।

अगले दिन फिर सुबह राधे तथा गुड़िया, माला का चुल्हा चौका निपटा कर अपनी नौकरी पर चले गए। उनके जाने के बाद माला ने निश्चय कर लिया कि आज से शाम का खाना वह अपनी बेटी के परिवार को अपने यहाँ से खिला कर ही विदा करेगी। शाम को माला ने अपने सोचे अनुसार ही राधे के परिवार को अपने यहाँ खाना खाने के लिए बाध्य कर दिया। इसके बाद लगभग दस दिन और ऐसे ही चलता रहा।

माला दिन प्रतिदिन अपने दामाद एवं बेटी की सेवा भाव से आश्वस्त होती जा रही थी अब वह उनके दुःख तकलीफों के बारे में बहुत कुछ सोचने लगी थी। वे किराए के मकान में रह रहे हैं। मेरे मकान में तीन कमरे हैं। खाली पड़े रहते हैं। उनको किराया भरना पड़ता है। संजय की नौकरी का तो कोई पता नहीं कि कहाँ लगे। क्यों न एक कमरा गुड़िया को ही दे दूँ। वे जल्दी सुबह तैयार होकर यहाँ आते हैं शाम को भी थके

माँदे आकर मेरा पूरा काम करके अपने घर लौटते हैं। उनके यहाँ रहने से मेरा काम भी हो जाया करेगा तथा उन्हें अधिक दिक्कत भी नहीं उठानी पड़ेगी। मान लो संजय आ भी गया तो एक कमरा तो उसके लिए रहेगा ही। यही सब सोचकर माला ने अपने मन की बात गुड़िया को बता दी।

समय व्यतीत होने गला। माला के मन पर अपने दामाद की सेवा एवं सहानुभूति की परत चढ़ती गई। अपनी बहू की सेवा का स्वाद चखने से पहले ही वह उसे बेगानी सी महसूस होने लगी थी।

एक दिन संजय और उसकी पत्नि कावेरी अचानक अपने घर आ गए। अपने घर में अपनी बहन के परिवार को बसा देख संजय का माथ ठनका परंतु अभी इस बारे में बात करना उचित नहीं समझा। उनके साथ कावेरी का भाई था। संजय का सामान इतना अधिक था कि एक कमरा उसके सामान से ही भर गया। रात को सोने की समस्या उत्पन्न हो गई। अपने मन में समस्या का समाधान सोचकर संजय ने अपने जीजा जी से विनती करते हुए कहा, "जीजा जी आज रात आप हमारे साथ बाहर बरामदे में सो जाना तथा कावेरी अपनी नन्द के साथ अन्दर सो जाएगी।"

राधे ने दो टूक जवाब दिया, "देखो साले साहब मुझे यह पसन्द नहीं है कि कोई हमारी सीमा लाँघे और न ही मैं किसी की सीमा लाँघना चाहता।"

संजय को अपने जीजा जी का आशय समझ नहीं आया। अतः उसने पूछा, "आपका सीमा लाँघने का क्या मतलब है?"

'मतलब साफ है। मैं तो अपने कमरे में ही सोऊँगा। मैं नहीं जानता कि आप कहाँ तथा आपकी पत्नि कावेरी कहाँ सोएगी।"

अपने जीजा के व्यवहार से हतभ्रत संजय कुछ कहना ही चाहता था कि राधे अनसुनी करके अपने कमरे में घुस गया।

सुख-दुख उठाकर किसी तरह संजय, कावेरी तथा उसके भाई ने वह रात बिताई यह संजय की समझ से बाहर की बात थी तथा उसे इस बात

का अपार आश्चर्य हो रहा था कि उसकी मम्मी जी ने राधे के व्यवहार पर कोई टिप्पणी नहीं की।

संजय दस दिनों की छुट्टी पर आया था। उसने सोचा था कि इस बार वह कावेरी को अपनी मम्मी जी की सेवा के लिए उनके पास छोड़ जाएगा। इस बीच एक दिन संजय तथा माला साथ-साथ किसी काम से बाहर कहीं गए थे। अकेले में कावेरी ने गुड़िया से राधे की उस रात के रवैये के बारे में जिक्र छेड़ते हुए पूछना चाहा, "बहन जी उस दिन जीजा जी ने ऐसा शख्त रूख क्यों अपनाया था।"

"कैसा शख्त रूख?"

"कि वे अपनी सीमा में रहकर ही अपने कमरे में सोएँगे।"

"इसमें उन्होंने क्या गलत कहा था?"

"एक घर में रहकर ऐसी बातें शोभा देती हैं क्या?"

गुड़िया एक दम बिफरते हुए, "तुम अपनी शयानपत अपने पास रखो। तू ज्यादा पढ़ी लिखी होगी तो अपने लिए। कान खोलकर सुनले यह कभी न होगा कि तुम दोनों कुछ भी बोलते रहो और हम मानते रहें।"

अपनी नन्द के हावभाव कावेरी सकते में आ गई फिर भी संयम रखकर बोली, "बहन जी मैंने तो ऐसी चुभती बात कुछ नहीं कही।"

"कह भी मत देना। मैं भी इस घर में बराबर के हिस्से का हक रखती हूँ।"

"पर बहन जी......।"

"बहन जी, बहन जी कुछ नहीं। ध्यान से सुन ले अगर ज्यादा ऐंड-तैड करी तो तूझे लाश में बदल कर बाहर सड़क पर फिंकवा दूंगी। खबरदार आगे से हमारे आचरण के बारे में मुँह भी खोला तो। बड़ी आई मुझ से जवाब तलब करने वाली। बड़बड़ाती हुई गुड़िया अपने कमरे में चली गई।" अवाक कावेरी उसे जाता देखती रह गई।

कावेरी अपने पीहर में बचपन से ही दूसरों के रहमो कर्म पर पली बड़ी हुई थी। माँ-बाप उसके बचपन में स्वर्ग सिधार गए थे। इसलिए अपनी जवानी तक उसने एक डरी तथा सहमी हुई जिन्दगी काटी थी। वह अपने

मन में सपने संजोकर आई थी कि शादी के बाद ससुराल में अपने सास ससुर की छत्रछाया के तले वह अपने बचपन के खोए दिन लौटाने की चेष्टा करेगी। परंतु गुड़िया के आज के व्यवहार ने तो एक ही झटके में उसकी सारी आशाओं को चकना चूर करके खंडहर बना दिया था। गुड़िया ने कावेरी की सारी आकांक्षाओं पर फलने-फूलने से पहले ही तुषारपात कर दिया था।

कावेरी इतनी सहम तथा भयभीत हो गई कि जहाँ वह बैठी थी वहाँ से उठना उसके लिए दुस्वार हो गया। वह दीवार का सहारा लेकर गुमसुम बैठ गई। उसे अपने दिमाग पर गुड़िया के कहे शब्दों के हथौड़े से बजते महूसस हो रहे थे।

माला तथा संजय ने वापिस आकर कावेरी की ऐसी हालत देखी तो दोनों सकते में आ गए। संजय ने गुड़िया के कमरे में झाँका तो उसका चेहरा तमतमाया हुआ था। उसे समझते हुए देर न लगी कि राधे की तरह ही गुड़िया ने भी कावेरी के कोमल दिल को ठेस पहुँचाने में कसर नहीं छोड़ी होगी।

अपनी नन्द का रौद्र रूप देखकर कावेरी इतना भयभीत हो चुकी थी कि संजय के पूछने पर वह बस यही कहती रही, ''बस अब मुझे इस घर में नहीं रहना है।''

''क्यों?''

''क्योंकि यहाँ मैं जिन्दा नहीं बचूंगी।''

''तुम ये क्या कह रही हो?''

गुड़िया की तरफ आँख उठाकर देखने की हिम्मत तो दूर कावेरी में इतना भी साहस नहीं था कि वह गुड़िया के कहे शब्दो को भी दोहरा सकती। माला के समझाने पर भी उसने उस घर में रहने से मना कर दिया और दस दिन बाद वह भी संजय के साथ चली गई। आज राधे ने सफलता की दूसरी सिढ़ी पर कदम रख दिया था।

''आपने देख लिया माता जी। न रह पाई आपकी सेवा के लिए । आजकल की पढ़ी लिखी लड़कियाँ किसी काम की नहीं। माँ-बाप का

शब्द तो उनकी डिक्शनरी में होता ही नहीं। उनका परिवार तो बस पति तथा उनके बच्चे ही हैं। खैर हम है न। आप किसी प्रकार की कोई चिन्ता न करे। राधे ने खाने की थाली माला के सामने रखते हुए कहा, "लो सब भूल कर अब गरमा-गरम खाना खा लो।"

माला का मन उदास था। उसने यह कहते हुए खाने की थाली सरका दी, "भूख नहीं है।" "मम्मी जी कावेरी के लिए इतनी चिंता मत करो। वह है ही इस लायक कि इस घर से बाहर ही रहे। गुड़िया ने साफ-साफ शब्दों में कहा।"

राधे तथा गुड़िया द्वारा माला के मन कावेरी के प्रति इसी तरह की घृणा एवं नफरत भरते-भरते एक महीना बीत गया। अब राधे ने अपना अगला मोहरा चलने की सोच अपनी मम्मी जी को उकसाना शुरू कर दिया।

मम्मी जी केवल आपका मकान रह गया है अन्यथा यह पूरी पंक्ति तो मार्किट बन गई है। देखो न मार्किट बनने से वे तो सारे ऊँचे हो गए हैं और आपका मकान झील सी में रह गया है।

राधे के कहने से माला को अपनी पुरानी परेशानी स्मरण हो आई जब वर्षा के दिनों में हकीकत में ही पानी भरने से उसका घर एक झील बन गया था। वर्षा का पानी भरने से उसका कितना नुकसान हुआ था। इसलिए राधे की बात का समर्थन करते हुए वह बोल," हाँ जमाई जी पिछली बरसात में वाकई में मेरा मकान झील बन गया था। वर्षा ऋतु के आगमन का डर तो मुझे अभी से भयभीत करने लगा है।"

जैसे लुहार लोहे को ढालने के लिए उसके गर्म होते ही उस पर चोट मारता है उसी प्रकार माला के दिल की तड़प सुनते ही उसने तपाक से अपना सुझाव दिया, "मम्मी जी अब तो आपको अपने इस मकान की अच्छी कीमत मिल जाएगी। इसे बेचकर उस पैसे से यहीं नजदीक में दूसरा मकान लेने के साथ-साथ अपने भविष्य के लिए अच्छा खासा बचा भी लेंगी।"

इतना कहकर राधे ने चोर निगाह से अपनी सास की तरफ ऐसे देखा जैसे उनका चेहरा पढ़ने की कोशिश कर रहा हो।

माला ने कुछ सोचते हुए, "हाँ आप बात तो वाजिब कह रहे हो। परंतु........।"

माला अपनी बात पूरी करती इससे पहले ही जैसे राधे उसके मन की बात भाँप गया हो एकदम कह उठा, "मम्मी जी आप उसकी चिंता न करें। मैं इसके बिकने से पहले अपने लिए दूसरे मकान का इंतजाम कर लूंगा। जिससे हमें किसी प्रकार की कोई परेशानी न हो। एक मकान छोड़ेंगे तो दूसरे में जाकर बस जाएँगे।"

बड़े अनमने मन से माला ने राधे की बात का समर्थन कर दिया। राधे आज अपने लक्ष्य की और बढ़ता हुआ तीसरी सिढ़ी चढ़ने में कामयाब हो गया था।

एक महीने की मशक्कत के पश्चात राधे ने दोंनो हाथों में लड्डू होने की बात को चरितार्थ कर दिखाया। उसने पहले मकान का सौदा भी कर दिया तथा दूसरा दो मंजिला मकान भी ढूंढ लिया।

भूमि तल पर तो उसने अपने सास व ससुर को बसा दिया तथा पहली मंजिल की रजिस्ट्री गुड़िया के नाम कराकर उसमें खुद अपने परिवार के साथ रहने लगा। आज उसने अपना मकसद पूरा कर लिया था। न जाने क्यों गुड़िया के पिता ने माला का कभी भी किसी भी बात का विरोध नहीं किया। शायद वे सीधे-साधे, भोले-भाले तथा एक किस्म के दब्बू प्रवृत्ति के मनुष्य थे। तभी तो इतना कुछ हो गया और वे एक मूक प्रणी की तरह सब कुछ होते देखते रहे। उन्होंने कभी भी अपनी राय जाहिर नहीं की। उनके अन्दर अपनी बहू तथा बेटे के साथ रहने की ललक तो थी परंतु इतनी हिम्मत न थी कि उनसे डंके की चोट पर कह सकें कि उन्हें किसी से डरने की कोई आवश्यकता नहीं "मैं हूँ ना।" अपनी ललक को वे उनसे टेलिफोन पर बात करके ही मिटा लेते थे।

अपना मकान पा लेने के बाद राधे ने गिरगिट की तरह रंग बदलने शुरू कर दिए। उसने नौकरी छोड़ दी तथा पूरा समय घरपर ही बिताने

लगा। तर्क यह दिया कि शादी के बाद लड़की जब ससुराल जाती है तो उसकी सारी जिम्मीदारी उसकी ससुराल वालों पर आ जाती है तो अब मैं जब अपनी ससुराल में रह रहा हूँ तो मेरी सारी जिम्मीदारी भी तो मेरी ससुराल वालों की होनी चाहिए। इसके अतिरिक्त मैं अपनी पूरी जिन्दगी मेहनत से कमाता तब भी अपना मकान नहीं बना सकता था। अब मैंने अपना मकान बना लिया है इसलिए समझ लो कि मैंने अपनी पूरी जिन्दगी की कमाई कर ली है। अतः मुझे अब नोकरी करने की कोई आवश्यकता नहीं है। उसने अपनी मम्मी जी का ख्याल भी रखना छोड़ दिया था। गुड़िया ही खाना बनाकर नीचे भेज देती थी।

धीरे-धीरे माला के मन पर अपनी लड़की गुड़िया तथा दामाद के छाए सदभावना के बादल छटने लगे। उसे महसूस होने लगा कि वह उनके सब्जबाग को समझ न पाई तथा उनकी बातों में आकर, बिना परखे, अपनी बहू को बेगाना समझ लिया। परंतु अब पछताने से क्या होने वाला था जब सब कुछ लूट चुका था।

इसके बावजूद माला ने कई तरीको से अपनी बेटी तथा दामाद के चंगुल से निकलने के भरसक प्रयत्न किए परंतु वे तो जौंक की तरह चिपट कर रह गए थे। गुड़िया के रहते कावेरी माला के पास आने को तैय़ार न थी क्योंकि गुड़िया ने उसे इतना डरा दिया था कि वह उसकी छाया से भी डरने लगी थी। अपनी लड़की तथा दामाद का विश्वासघात, संजय का अपनी की वजह से घर से दूर रहना तथा अकेले रहने की तन्हाई बुआ जी को अन्दर ही अन्दर छेदने लगी ओर वे बीमार रहने लगी।

इसके बाद संतोष थोड़ी रूकी। ऐसा लगा जैसे पूरी कोशिश करने के बावजूद वह अपनी जबान से आगे की बात कहने में अपने आप को असमर्थ पा रही थी। फिर भी अपने नयनों में छलछलाते अश्रुओं को पीते हुए उसने भर्राए स्वर में कहा, "बुआ जी ने यह तो सब कुछ सहन कर लिया परंतु अब उसके आखिरी समय में एक आदमी उन्हें अपार कष्ट पहुंचा रहा है। वह बहुत दिनों से बीमार थी परंतु किसी तरह से जीवन की गाड़ी खींच रही थी।"

"तुम्हारे कहने से तो पता चलता है कि समस्या ने गम्भीर रूप धारण कर लिया है?"

" हाँ यही सच्चाई है। क्योंकि अब तो डाक्टरों ने भी जवाब दे दिया है।"

"क्या! गुलाब कुछ विचलित हो उठा।"

"आज शाम को माला को अपने घर ले जा रहे हैं।"

गुलाब ने न तो कुछ जवाब दिया तथा न ही कोई प्रश्न किया। वह चुपचाप एकटक संतोष के चेहरे पर उतरते चढ़ते भाव देखता रहा। संतोष थोड़ी देर चुप रही। ऐसा लग रहा था जैसे उसके दिमाग में कुछ उथल-पुथल हो रही थी। संतोष शायद कुछ कहना चाहती थी। परंतु कहने में उसे कुछ हिचकिचाहट हो रही थी। उसने अपना मुँह दूसरी तरफ फेर लिया। कुछ समय वातावरण शांत रहा। फिर संतोष ने साहस बटोरते हुए धीरे से कहा, "जी जरा ध्यान से सुनना।"

"हूँ।"

"जब मैं माला से मिलने के लिये उसके विस्तर के पास जाकर खड़ी हुई तो उसकी आँखे बन्द थी।"

"हूँ।"

"मेरे साथ और भी कई लोग थे। सबने माला का नाम लेकर पुकारा परंतु माला ने अपनी आँखे नहीं खोली और न ही उसके शरीर में किसी प्रकार की कोई हरकत हुई।"

"हूँ।"

"परंतु जब मैंने बुआ जी कहा तो उनके शरीर में थोड़ी हरकत देखने की मिली।"

"हूँ।"

"मैंने जब दोबारा बुआ जी कहा तो उन्होंने धीरे-धीरे अपनी आँखे थोड़ी सी खोली।"

"हूँ।"

''उन आँखों से बुआ जी ने पहले मुझे देखा फिर मेरे दोनों ओर निहारा।''

''हूँ।''

''उनकी खोई-खोई सी आँखों से ऐसा प्रतीत होता था जैसे वे किसी खास अपने को ढूंढ रही थी।''

''हूँ।''

''और... और.. जब माला की आँखों को वह दिखाई नहीं दिया तो उनमें आंसू छलछला आए'' कहते-कहते संतोष खुद भी रो पड़े यह क्या'' गुलाब ने आगे बढ़कर संतोष का चेहरा अपनी ओर घुमा लिया तथा उसे अपने सीने से लगा लिया।

संतोष अचानक अपने हाथों का प्रहार गुलाब के सीने पर करते हुए सुबक पड़ी और बोली, ''तुम बड़े निर्दयी हो।''

गुलाब सकते में आते हुए, ''मैं।''

''हाँ तुम।''

''यह तुम क्या कह रही हो?''

''मैं एक औरत हूँ। एक औरत का दिल रखती हूँ और एक औरत के दिल के दर्द को पहचानने की क्षमता रखती हूँ। संतोष ने बड़ी दृढ़ता से कहा, ''मैं जो कह रही हूँ वही सच्चाई है। तुम ही उनके दुखों को बढ़ा रहे हो।''

''तोषी तुम ये क्या अनाप-सनाप कहे जा रही हो?''

''यह अनाप-सनाप नहीं है। हकीकत है। मैं तुम दोनों के बारे में सब कुछ जानती हूँ।'' गुलाब आश्चर्य से, ''क्या! और उसका मुँह खुला का खुला ही रह गया।''

''हाँ जी! मैं और माला हालांकि रिस्ते में बुआ भतीजी है परंतु हम उमर होने के कारण आपस में अच्छी सहेली भी हैं। माला बुआ अपने प्रथम प्यार की सारी बातें, जो आपके साथ होती थी, मुझे बताती रहती थी। बदकिस्मती से उनकी शादी, आपके बड़े भाई साहब के कारण, आप से न हो पाई। वे उस समय आपके लिए बहुत तड़पी थी। भगवान की मर्जी तथा मेरी किस्मत से मैं आपके पल्ले पड़ गई। भाग्य ने माला का

शरीर तो आपके हवाले नहीं किया परंतु माला अपनी आत्मा आपके हवाले कर चुकी थी।''

गुलाब अपने को थोड़ा सम्भालते हुए, ''परंतु हमारी शादी को हुए तो 35 वर्ष बीत चुके हैं। तुमने आजतक कभी इस बात का इजहार भी न होने दिया। न ही तुमने हम दोनों पर कभी कोई शक किया जैसा कि अमूमन एक औरत करती हैं। मैं माला को अकेला ही उसे उसके घर तक छोड़ने गया। उस बात को भी तुमने सहर्ष स्वीकार कर लिया। तुम धन्य हो तोषी तुम धन्य हो।''

''धन्य मैं नहीं आप हैं। याद करो उस दिन को जब आप छुट्टी पर घर आए थे। मुझे अपने घर न पाकर आप अपने जीजा जी वरूण के घर पहुंच गए थे। रात का समय था। हम दोनों कमरे में अकेले थे। जब आपने दरवाजा खुलवाया तो आपको अचानक सामने पाकर वरूण के चेहरे पर हवाईयाँ उड़ने लगी थी तथा वे मुँह लटकाए एकदम बाहर चले गए थे। मैं रोते हुए आपके सीने से लग गई थी। आपने मुझ पर बिना कोई शक किए बड़े प्यार से मेरे सिर पर हाथ फेरा था।

एक बात और आपको याद होगी कि एक बार आपके किसी भतीजे ने मेरे बारे में कई अनर्गल बातें लिखकर आपको पत्र डाला था। उस बार आप अचानक ही छुट्टियों पर आ गए थे। मुझे वह पत्र आपकी जेब से मिला था। उस पत्र के बारे में आपने मुझ से कुछ नहीं पूछा था। परंतु आप अपने मामा जी के लड़के के साथ उस मास्टर की लताश में मशगूल रहे थे जिसने मेरे साथ बदसलूकी करनी चाही थी। मैंने भी आपको कुछ नहीं बताया था क्योंकि मुझे अन्देशा था कि मेरे ऐसा करने पर घर में कलह हो जाएगी तथा भाइयों में फूट पड़ जाएगी क्योंकि असली मुजरिम वह मास्टर नहीं बल्कि आपकी समानता वाला खून ही था। इसको माता जी भाँप गई थी।

इन्हीं कारणों से जब मैं आपके साथ देवलाली जाने की जिद करते हुए कह रही थी कि अकेली औरत को दूसरे तो दूसरे अपने भी वासना की नजर से देखते हैं तब भी आपने एक बार भी नहीं पूछा था कि ऐसा

अपना कौन है तथा उसने क्या किया। ओर कोई व्यक्ति होता तो बाल की खाल निकाल कर अपनी पत्नि को ही दोषी करार दे देता परंतु आपने ऐसा कुछ नहीं किया। आपको मेरे उपर पूर्ण विश्वास था तभी तो आपने इन सब बातों को कोई महत्व नहीं दिया।

मैं उसी दिन से आपको भगवान स्वरूप मानने लगी थी। जब आप मेरे प्रति ऐसी स्थिति को जानकर भी नजर अन्दाज कर सकते थे तो क्या मुझे शोभा देता कि मैं आपके चरित्र पर शक की निगाह रखती। फिर यह भी मैं अच्छी तरह जानती थी कि माला के प्रति आपका लगाव वासना रहित एवं निश्च्छल था क्योंकि मैं यह भी जानती हूँ कि आपने अपने उपर संयम रखते हुए मेरी बुआ जी को कितने सरल स्वभाव से गर्त के गड्ढे में गिरने से रोका था। इसके बाद संतोष थोड़ा रूकी तथा बिलकुल शांत स्वभाव से बोली,'' अच्छा अब मेरे उपर एक कृपाा और कर दो।

''क्या?''

''आप मेरे साथ माला के घर चलो।''

गुलाब कुछ झिझकते हुए, ''मैं वहाँ जाकर क्या करूंगा। तुम शालू भाभी जी के साथ ही चली जाओ।''

संतोष जोर देते हुए बोली, ''आप समझते क्यों नहीं। माला में शेष अब कुछ बचा नहीं है। उसकी आत्मा भटक रही है। हो सकता है वह आप में ही........।''

गुलाब संतोष की बातों का आशय समझते हुए बीच में ही उसकी बात काटते हुए बस इतना ही बोल पाया, ''तोषी।''

''यह मेरा अन्दाजा है । आगे उपर वाला जाने। चलो अब देर मत करो।''

माला के घर ड्राईंग रूम में अधिक लोग न थे। अकेला उसका पति राकेश था जो सोफे पर बैठा ऊंघ रहा था। माला की नन्द सामने पड़े पलंग पर सो रही थी। बड़ी लड़की ससुराल गई हुई थी। छोटी बाजार गई थी।

संतोष ने माला के पति से उसके बारे में पूछा, 'बुआ जी कैसी हैं?''

राकेश लम्बी साँस छोड़ते हुए, भगवान ही मालिक है।"

गुलाबः होश में तो हैं?

राकेशः- नहीं गफलत सी में हैं।

राकेश यह कहता हुआ बाहर निकल गया कि आप बैठों, उसकी छोटी लड़की को बाजार गए काफी देर हो गई है। अतः वह पता करके आता है कि क्या कारण है जो वह अब तक आई नहीं। संतोष जो अभी तक इस असमंजस में थी कि गुलाब को माला के पास कैसे भेजे, राकेश के बाहर चले जाने के बाद अच्छा मौका जानकर तथा चारों और किसी को न पाकर, अपने पति से बोली, "आप अन्दर जाकर देख लो।"

गुलाब झिझकते हुए, "मैं अकेला?"

संतोष गुलाब के प्रश्न का उत्तर न देते हुए अपनी स्वीकृति में आँखों को बन्द करते हुए हाँ कहने की मुद्रा में अपनी गर्दन एक तरफ थोड़ी झुका देती है। गुलाब भी इधर-उधर देखता हुआ अन्दर कमरे में दाखिल हो जाता हैं माला को जमीन पर लिटाया हुआ था। गुलाब उसके पास उकडू बैठ जाता है। वह धीरे से माला के सिर पर हाथ फेरता है। गुलाब के स्पर्श मात्र से माला का शरीर हरकत में आया ठीक वैसे ही जैसे बुझते दिये में अगर तेल की एक बून्द डाली जाए तो वह फिर जलने लगता है। आज कई दिनों से बन्द माला की आँखों ने रोशनी देखी परंतु उनमें अश्रु भर आए। गुलाब ने अपना रूमाल निकाल कर उनको पोंछ दिया। दूर कहीं से गाने की आवाज सुनाई पड़ती है "आ बैठ मेरे पास तुझे देखती रहूँ।"

गुलाब को माला के चेहरे पर लौटती रौनक से ऐसा प्रतीत हुआ जैसे माला की आत्मा को तृप्ति मिल रही हो। उसके मुख पर संतोष जनक आभा देखकर गुलाब पूछना ही चाहता था कि माला कैसी हो कि अचानक माला के शरीर में आखिरी हरकत हुई। माला का हाथ थोड़ उठा और गुलाब के चरणों पर ऐसा गिरा जैसे माला उन्हें छूने की कोशिश कर रही हो। माला की निर्जीव खुली आँखों को देखकर गुलाब जोर से चिल्लाया, "माला।"

संतोष दौड़ी हुई अन्दर आई। उसने माला की खुली आँखों को अपने हाथों से बन्द कर दिया। फिर गुलाब को बाँह से पकड़ कर बाहर लाते हुए बोली, ''उस परवर-दिगार को कोटि-कोटि प्रणाम जिसने बुआ जी को दिला दी आत्म-तृप्ति।''

और गुलाब को माला से आखिरी मुलाकात के वे शब्द याद आ गए जब उसने विदा लेते हुए कहे थे, ''मेरी आत्मा आपकी है। हाँ मेरे शरीर का मालिक बेशक कोई और बन गया है। मैं उनके प्रति वफादार भी हूँ। उनकी इच्छानुसार मैंने अपना जीवन बिताया है तथा आगे भी बिताती रहूंगी परंतु मेरी आत्मा के मालिक पहली बार आप ही बने थे। इतने वर्षों तक रहे हैं। अब भी हैं तथा मेरी मृत्यु तक...।